明
室
Lucida

照 亮 阅 读 的 人

应得的权利

[澳]凯特·曼恩——著　章艳——译

Entitled:
How Male
Privilege
Hurts Women

Kate Manne

北京联合出版公司
Beijing United Publishing Co.,Ltd.

写给我的女儿

目 录

第一章　创伤永难抚平

关于特权男性的权利

　　这里就有一副滥用权利的嘴脸。53 岁的布雷特·卡瓦诺[*]满脸涨得通红，一副恼羞成怒、气急败坏的样子，在大多数情况下他都是在不耐烦地吼着回答问题。显然，在他眼里，这种诉讼程序不能把他怎么样，不过是场闹剧而已。那是 2018 年 9 月，51 岁的克里斯蒂娜·布莱西·福特[†]博士指控卡瓦诺在他们都还是高中生时曾对她进行过性侵，卡瓦诺因此正在接受参议院司法委员会的质询。这次质询不仅关系到他是否能担任美国最高法院大法官，更为重要的是，这也将考验美国如何直面性侵行为、男性特权（male privilege）以及厌女症等问题。

　　美国在这次考验中的表现让人大失所望。虽然有确凿证据

---

[*]　Brett Kavanaugh，他曾经是美国大法官肯尼迪的法律助理，现任美国最高法院大法官。——本书脚注皆为译者注

[†]　Christine Blasey Ford，美国帕洛阿尔托大学的心理学教授。

证明，卡瓦诺在 36 年前确实性侵了当时 15 岁的福特，卡瓦诺还是以微弱优势获选为最高法院大法官。

福特做证说，她曾遭到卡瓦诺的性侵，当时和卡瓦诺在一起的还有他的朋友马克·贾奇，他们在马里兰州的一次派对上把她"赶进"卧室。福特指控卡瓦诺把她压倒在床上，乱摸她的身体，骑在她身上使劲蹭。她说他试图脱掉她的衣服，还用手捂住她的嘴巴不让她呼救。福特说，她很害怕卡瓦诺会失手让她窒息丧命。后来贾奇跳到床上，把他们挤翻到床下，这时她才得以脱身。[1]

在描述这个事件及其产生的创伤后遗症时，作为大学心理学教授的福特说："他的笑声深深地印在我大脑的海马体上，无法抹去。"可是，就算有很多人表示相信她，福特的经历还是无法让像卡瓦诺这样一个有背景和名望的男人失去他被认为应该得到的东西。[2] 当然，也有一些人拒绝相信她的话，说她要么是撒谎，要么就是弄错了。[3]

在卡瓦诺的听证会成为头版新闻之前，我已经对有关男性特权及其对女性的伤害这个问题思考了很久。这个案件似乎浓缩了我一直在研究的那些社会互动行为（social dynamics）。它完美地阐释了"应得权利"（entitlement）这个概念：人们普遍认为，一个有特权的男人理应得到某些东西，甚至是像美国最高法院大法官这样的显赫职位。[4] 从听证会上卡瓦诺愤愤不平、气势汹汹、时而近乎狂乱的行为来看，他自己也是这么认为的。福特博士在回答议员们提出的问题时，举止冷静温和，强忍着内心的痛苦，努力让自己的回答能"有所帮助"。截然相反的是，在听到问题时，卡瓦诺表现得十分恼怒，尤其是当其中的一个提问者还是个女人的时候，他似乎格外恼火。埃米·克洛布查尔和他之间的问答现在已经广为人知："你是说，你从来没有喝醉酒后完全不记得前一天晚上发生的事情，或者是发生的一部分事情吗？""你是在问我有没有过断片儿？我不知道，你有过吗？"卡瓦诺用一种极其藐视而且不耐烦的语气回答。[5]

这一案件也突出体现了"同情男性施害者"[*]现象：那些有权有势的男性在实施性侵暴力行为或其他厌女行为之后，经常比女性受害得到更多的同情和关心。听证会上，议员林赛·格雷厄姆表现得义愤填膺，完全就是一种同情男性施害者的态度：

> 格雷厄姆：[对着民主党人] 你们不就是想要毁掉这个人的生活吗？好给自己腾出位置，指望 2020 年获得大选……[对着卡瓦诺] 你没什么可道歉的。如果你看到索托马约尔[†]和卡根[‡]，告诉她们，林赛向她们问好，因为我投过她们的票。[对着民主党人] 我绝对不会像你们对待这个人一样对待她们……[对着卡瓦诺] 你是轮奸犯吗？
>
> 卡瓦诺：不是。
>
> 格雷厄姆：我无法想象你和你的家人所经历的痛苦。[对

---

[*] himpathy，这是本书作者曼恩造的词，指对男性的过度同情。曼恩另一本书 *Down Girl* 的繁体中文版《不只是厌女》中将其译为"同情他心"，本书根据该词表达的意思译成"同情男性施害者"。

[†] Sonia Sotomayor，2009 年 5 月 26 日获奥巴马总统提名，成为美国历史上首位拉美裔最高法院大法官。

[‡] Elena Kagan，美国最高法院大法官。

着民主党人]伙计，你们都想要权力。天啊，我希望你们永远得不到。我希望美国人民能看清这种把戏……你们并不想保护福特博士——没有人想这么做。[对着卡瓦诺]她和你一样是受害者。天啊，我真不想这么说，因为他们是我的朋友。不过我还是要告诉你，走到这一步，你还想要得到公平对待吗？我的朋友，你在一个错误的时间来到了一个错误的地点。你认为你这是在接受工作面试吗？

卡瓦诺：如果参议院的"意见和同意"*的功能算工作面试的话。

格雷厄姆：你觉得自己是在进行工作面试吗？

卡瓦诺：我根据宪法规定经历了"意见和同意"的过程，这个过程——

格雷厄姆：你是不是觉得自己做了一场噩梦？

卡瓦诺：我——我做了一场噩梦，还远不止如此。

格雷厄姆：这不是工作面试。

卡瓦诺：不是。

格雷厄姆：这是一场噩梦。

在格雷厄姆看来，为了得到一个代表美国最高道德权威的位置，让一个处在卡瓦诺这种地位的男人不得不去回应严肃可信的性侵指控，并且要接受联邦调查局的调查，实在是可恶，甚至

---

* advice and consent，美国《宪法》第二条第一款规定："总统有权缔订条约，但须争取参议院的意见和同意……有权提名，并在取得参议院的意见和同意后，任命大使、公使、领事及最高法院的法官。"

可笑。上面对话中格雷厄姆表达的观点是——要抓住一切机会让大家同情自己，卡瓦诺显然也是这么想的，所以格外肆无忌惮。格雷厄姆对福特及其家人完全没有这样的同情，虽然他在口头上也表示，她在这个过程中（指民主党人为了政治利益企图败坏卡瓦诺的名声）和卡瓦诺"一样是受害者"。格雷厄姆后来在《福克斯新闻》上谴责说："福特小姐有她自己的问题，毁掉卡瓦诺法官的生活并不能解决她的问题。"[6]

对男性施害者的同情似乎让格雷厄姆认为卡瓦诺是整个事件中真正的受害者。让一个像卡瓦诺这样的男人无法得到最高法院大法官的职位就等于毁了他的一生，而不仅仅是让他失去一个机会。[7] 宣扬这种论调、对克里斯蒂娜·布莱西·福特进行中伤的，不仅仅是林赛·格雷厄姆这样的男性，还有很多是女性，包括其他议员、记者和非专业人士。[8]

说到底，卡瓦诺案突出表现了厌女症若干方面的本质和功能。我在我的前一本书《不只是厌女》里指出，厌女症不应该被理解为一种对女性根深蒂固的强烈仇恨心理，而应该理解成父权制（patriarchy）在"执法"层面的分支——一个用来监督和执行性别规范和期望的制度，让女性相比其他因素，更由于她们的性别而受到极其严重或明显的恶意对待。[9] 克里斯蒂娜·布莱西·福特所遭受的性侵（我郑重声明，关于这件事，我相信她）完全符合这种描写，因为女性比男性更有可能遭受这种侵犯。[10] 此外，厌女症是人们在女性破坏了性别"法律和秩序"时所做出的典型反应（虽然不能说绝无例外）。福特因为指控了一个有权势的男人侵犯自己而受到辱骂和死亡威胁，就是这种惩罚的典型例子。[11]

　　总的来说，我觉得厌女症有点像为了让狗乖乖待在电子防护栏内而戴的电击项圈，这种隐形的防护栏在郊区越来越普遍。厌女症肯定会造成痛苦，而且经常造成痛苦。就算有些时候厌女症没有直接伤害某个人，它还是会阻止女性去冒险打破边界。如果我们偏离常态或犯错，我们知道会有什么样的下场。[12]这就是为什么我们更有理由认为，福特站出来做证是多么勇敢。

　　相对于厌女症，我认为性别歧视是父权制在理论和意识形态层面的分支，它是指那些让父权规范和期望变得合理自然的看法、观点和假设——包括基于性别的劳动分工，以及在那些历来都是男性拥有权力和权威的领域内，男性对女性的控制和支配。虽然这本书的重点是厌女症，而不是性别歧视，但这两者总是共同发力的，认识到这一点很重要。

　　但我们应该知道，一个有厌女行为的人不一定对女性抱有性别歧视。布雷特·卡瓦诺在面对不当性行为的控诉时为自己辩护，其理由是他雇用了相当数量的女性员工，但这根本不能成为他为自己辩护的理由。[13]男人可以相信女人有胜任法律、商业或政治领域工作的智力，所以愿意让她作为下属在这个领域为自己服务，但同时仍然对她或其他女性施加厌女行为——比如性侵。更广泛地说，男人可能会愿意把一定范围的权力交给女人，前提是她不会对自己造成威胁或带来挑战。但如果她威胁或挑战了他，他就可能采取厌女行动让她知道自己的位置，并且因为她产生了越界的想法对她进行惩罚。在我看来，他的表现属于厌女行为，而不是性别歧视。

总的来说，我对于厌女症的论述旨在强调，不要把重点放在厌女症的个体施害者身上，而要放在厌女症的被攻击对象和受害者身上。这么做至少有两方面的作用。其一，一些厌女事件根本就没有个体施害者，厌女症可以是一种纯属结构性的现象，通过社会机构、政策和更为广泛的文化传统来实施。[14] 其二，要认识到厌女症更多是关于女性面临的敌意，而不是男性在内心深处感受到的敌意，这种认识可以帮助我们避免心理的不可知性问题。如果不是作为某个人的治疗师，要想知道这个人内心最深处的状态和最根本的动机往往是很难的（即使是作为治疗师，这样的了解也可能不可靠）。但我对厌女症的讨论不要求我们一定要了解一个人内心深处的感受之后，才能指出他们在实施厌女行为或成为厌女症的帮凶。我们需要知道的是某种我们更有条件确认的东西：女性正由于她们的性别而面临极其严重或明显的恶意对待，原因是，她是一个身处男人世界的女人——换句话说，一个身处历来都是由父权主导的社会中的女人（我相信，这涉及大多数女人，虽然不是所有女人）。[15] 我们不需要去讨论她受到这种恶意对待是因为在男人心目中她是个女人——有时候并不是这么回事。正如我之前所指出的，女人和男人一样都可能实施厌女行为——比方说，有些女人会瞧不起其他女人，或者宣扬某种让男人逃脱罪责的道德观，但对有同样行为的女人却会严加指责。

　　所以，我的观点是，我们最好是把厌女症主要视为女性所处社会环境的一个特点，在这样的环境中，她们往往因为自己的性别，在很多情况下还因为与性别有关的"坏"行为，遭受到充满仇恨和恶意的对待。即便如此，我不想否认，有一些人作为个体确实应该被称为"厌女者"。应该承认的是,"厌女者"是一个具有评判性的贬义词,我认为我们不应该滥用这个词,以免让这个重要的语言武器失去它特有的"冲击力"和影响力。所以,我提议把厌女者定义为实施厌女行为的"高手":那些和相同环境中的其他人相比,格外频繁、格外执着于实施厌女行为的人。这样的定义有助于让我们承认一个重要的事实,那就是,在某种程度上,我们所有人都是这个厌女性社会结构的同谋。但同时,对于很多人来说,特别是对于那些积极采取行动反对厌女现象的人来说,不加区分地把他们称作厌女者是错误的。这个标签应该留给那些罪魁祸首。在下面的章节中,我们会见识到很多这样的人。

在写《不只是厌女》的时候,我把重点放在一个抽象的观点上,那就是,厌女症应被理解为所面对的敌意,这种敌意可以用来监督和执行那些基于性别的行为规范和期望。但这个定义引发了很多问题,从那时起,我一直在思考这些问题:厌女症所监督和执行的那些基于性别的行为规范和期望到底是什么?特别是在我自己所处的这个号称人人平等的社会环境里(美国),又是怎样的情况?[16] 厌女症所产生的、那些有时显得非常微妙的社会关系,如何在生活各个领域里限制女性以及非二元性别者的可能性?在这个体系的日常具体运作中,男性如何以不公平的方式获益?在思考这些问题的整个过程中,我越来越认识到,厌女症与许多相关的社会弊病密不可分地纠缠在一起,这也是金伯利·克伦肖[*]所倡导的交叉性理论[†]提醒我们要注意的。这些社会弊病包括种族歧视（特别是白人至上论）、仇外情绪、阶层主义、恐同症、跨性别恐惧症和残疾歧视，凡此种种，不胜枚举。[17]

这世上并不存在通行的厌女症经验——尤其是因为基于性别的行为规范和期望总是和其他不公正的制度交叉在一起，从而使得不同群体的女性可能面临各种不同的压迫方式。接下来，我希望能够对美国的跨性别女性和黑人女性所面临的特殊厌女症——分别是厌跨女症和厌黑女症做一些阐释（我并不认为自己是权威）。作为一个顺性别[‡]的异性恋白人女性，我从塔利娅·梅·贝特彻、特雷西·麦克米伦·科顿姆、贾丝明·乔伊纳和很多其他对这些话题有深刻见解的重要学者那里获益良多。

《应得的权利》这本书讨论了厌女症、同情男性施害者，以及男性应得权利感（male entitlement）这些现象如何以各种方式与其他压迫性体制合力产生不公平、不合理，有时甚至是离奇的后果。这些后果很多都源于一个事实，那就是人们期望女性为指定的、往往是拥有特权的男性（privileged men）提供传统意义上的女性商品（例如性、护理、养育、生育），同时要避免从男性那里拿走传统意义上的男性商品（例如权力、权威、对知识的

---

* Kimberlé Crenshaw，"交叉性"理论之母，也是非营利组织"非裔美国人政策论坛"的创始人。她于 2015 年发起了两项十分有力的倡导行动：# 黑人女孩同样重要（#BlackGirlsMatter）及 # 说出她的名字（#SayHerName）。

† intersectionality，女性主义的一个分支理论概念，指的是，一个个体遭受到的性别压迫，往往是和其他维度的压迫交叉在一起发生的。性别、性取向、经济社会地位、种族、婚姻状态等维度，都会产生压迫，并且这些压迫会共同发生作用。

‡ cisgender，跨性别的反义词，通常指认同自己的生理特征和生理性别的人。

掌控）。渐渐地，人们就会心照不宣地认为这些商品是特权男性应得的，这些男人如果以不正当的手段从女人那里得到了这些商品，作为施害者的他们还经常会得到同情——特别是在涉及性的时候，虽然绝不只限于性。

总而言之，这本书表明，男性不合理的应得权利感催生了一系列厌女行为。如果一个女人没有给某个男人他认为应该得到的东西，她常常会面临惩罚和报复——可能来自这个男人，可能来自支持男性施害者的人，也可能来自她深陷其中的社会结构。

不仅如此，在这个体制中，女人经常被不公正地剥夺她们真正应得的商品，包括女性化商品和男性化商品。女性遭受的不平等待遇包括身体疼痛得不到足够照护，难以取得传统上属于男性的重要职位，在自己专长的领域里无权发表观点。

下面的部分章节主要聚焦男性应得权利感的不合理性，而另一些章节则关注女性，以及非二元性别者如何被剥夺真正应得的权利。在这本书里，这些问题是同一枚硬币的两个面——虽然它们经常需要有所不同的分析和解决办法。

揭示上面这些道德偏见及其他道德偏见的深层次逻辑，有助于我讨论下面的这些问题：反堕胎运动和反跨性别运动有何相同之处？为什么现在仍然主要由女性承担家庭中的"第二轮班"*？为什么有些男人在性侵了女性以及其他弱势群体之后，总是能够

---

*　second shift，指下班后在家庭中承担各种家务，如同再上一轮班。

毫发无损地逃脱罪责？为什么"男性说教"*仍然如此普遍？ [18]

在这本书中，我将一一揭示让厌女症得以长盛不衰的力量是多么强大而且无处不在。在很大程度上，女人是因为敢于站出来直言问题的真相而受到惩罚和责难——遭受厌女行为的攻击。很多人觉得，男人不仅仅应当在被证明有罪前被视为无辜，就算他们真的做了坏事，也应该被视为无辜。不仅如此，厌女症留下的印记和伤害也许是永远无法抹去的。克里斯蒂娜·布莱西·福特不仅仅因为最初遭受的性侵行为而深受伤害，而且很可能为了行使她所认为的公民义务站出来做证，而再一次受到伤害。在听证会后，她和家人收到死亡威胁，因此不得不搬离原来的家。[19]反观，布雷特·卡瓦诺不仅被任命为最高法院大法官，而且可能很快以最高法院的名义给予反堕胎运动以关键性支持。在写这本书的时候，唐纳德·特朗普被指控对十多位女性进行性侵和性骚扰，而且证据确凿，但他那时还是这个国家的总统。[20]

然而，幸运的是，要取得进步不需要所有人都认为只有明确不公正的事情才是不公正的——我们不能有这种想法，也从未有过。与此相反，我们能够——而且我越来越相信，我们必须——以日常生活中富有勇气和创造力的行为为榜样，以正在进行中的政治抵抗为榜样，无论这些榜样来自个体还是群体，来应对这些

---

* mansplain，字面意思是"男性解释"，由男人（man）和解释（explain）两个单词合成。指向某人解释某事，即使听者知道的比讲话者更多，尤其是用于男人向女人解释的情况下。此时男性的态度或是居高临下，或是散发着带有优越感的友好。该词2012年被美国《纽约时报》列为年度热词，2018年被《牛津英语词典》和《韦氏词典》收录。

不公正现象。我无法知道，这样做是不是能够带来正确的结果。但我知道：我们一定要抗争，这很重要，也很值得。而且，如果知道我们面对的问题是什么，我们才能更好地与之斗争。正是秉持着这样的信念，我写下了这本书。

第二章　非自愿独身者

关于男性有权利得到赞美

2014 年 5 月 23 日，星期五，刚过晚上九点半，有人开始狂敲加利福尼亚大学圣巴巴拉分校姐妹会宿舍的大门。当时至少应该有 40 个女生住在那里，但因为是阵亡将士纪念日前的周末，大部分人都不在，所以没有人去开门。据当时在里面的一位女生说，敲门声越来越响，越来越凶，持续了至少整整一分钟，但她们还是决定不去开门。事后回想起来，她们的决定实在是明智而幸运。当时敲门的人叫埃利奥特·罗杰，22 岁，他手里拿着上膛的枪，计划杀掉里面所有的女生。[1]

在开车去加州大学圣巴巴拉分校之前，他上传了一段视频到 YouTube。他在视频里说："在我进入青春期后的过去八年中，我被迫忍受孤独，被人抛弃，无法满足欲望，就是因为女孩们从来不喜欢我。那些女孩把她们的感情、她们的身体和爱，都给了其他男人，就是不给我。"他抱怨道："我已经 22 岁了，可还是个处男，甚至从来没有亲吻过女孩子……这实在是种折磨。在大学里，大家都在体验性爱，享受快乐，而我却不得不在孤独中腐烂，这太不公平了。"他甚至用说教的语气说：

> 你们这些女孩子从来不喜欢我。我不知道你们为什么不喜欢我，我要让你们因此付出代价。你们这么做是不公平的，你们是在犯罪，因为我不知道你们为什么看不到我身上的优点。我是个完美的人，可是你们却去讨好勾引那些恶心的男人，无视我这个至尊绅士。

罗杰的计划是，在他设想的"报复日"里，"进入加州大学圣巴巴拉分校最高档的姐妹会宿舍，把里面的金发婊子全部杀掉，她们都被宠坏了，一个个目中无人"。[2]

最后，他因为进不去，转而对着另外三位正好走路经过的女生开了枪（她们是附近另一个姐妹会的女生），其中两人身亡，另一人受了伤。接着，他开着车疯狂射杀，杀死了一个男人，伤了另外 14 个人。[3]

当凯特·皮尔逊听到身后的墙上"砰砰砰"三声巨响时，她以为一定是热瑜伽馆里的音响从架子上掉下来了。其实那是枪声。40 岁的斯科特·保罗·贝勒开车两百多英里，来到佛罗里达州首府塔拉哈西市的这家瑜伽馆，他要参加下午五点半的瑜伽课，但事先没有预约。他用信用卡支付了 12 美元，并且询问那天会有多少人来上课。听说只有 11 个人事先报过名，他很失望，又询问瑜伽馆什么时间最忙（回答是周六早晨）。尽管如此，他还是等在那里，等着女学员们陆陆续续地进来，其中还有一个男学员。瑜伽老师让他把包放在高温室外面的柜子里，他对老师说，他想问个问题，然后戴上保护听力的护耳器，掏出一把格洛克手枪。稍稍停了一会儿，他用手枪指着离他最近的一位女士。他开了枪，不分青红皂白一阵乱射：他的目的是要杀死那些从他青少年时期就开始激怒他的女人，当时他还写了一篇复仇幻想小说《被拒绝的青年》（"Rejected Youth"）。那天他朝六个人开了枪，其中两人身亡。[4]

上面的悲剧发生在 2018 年 11 月。在枪击之前，凶手贝尔勒在网上发布了一个视频，说埃利奥特·罗杰给了他灵感。持同样想法的还有 26 岁的克里斯·哈珀-默瑟，他在俄勒冈州一个社区学院的教室里开枪射击——打死了八个学生和一个助理教授，另外有八人受伤。还有一个叫阿列克·米纳希安的人，25 岁的他驾驶一辆小型客货两用车冲向多伦多的人行道，造成 10 人死亡，16 人受伤。事情发生之前，他在 Facebook 上写道："非自愿独身者*的叛乱已经开始了！我们会打倒所有查德†和斯泰茜‡！向至尊绅士埃利奥特·罗杰致敬！"[5]

具有讽刺意义的是，"非自愿独身者"这个词是一个叫阿兰

---

* involuntary celibate，简称 Incel，是网络上一些亚文化人群的自我描述用语，多用来指男性。他们认为自己一直无法恋爱，也没有性伴侣。

† Chad，代指受女性欢迎的男性。

‡ Stacey，代指拒绝与非自愿独身者恋爱或发生性关系的漂亮女性。

娜的女人发明的,她是一个思想开明的加拿大人,是双性恋者。她在 20 世纪 90 年代建立了一个叫"阿兰娜非自愿独身者计划"的网站[6],目的是要帮助像她自己这样的人处理在交友中出现的孤独感和性欲无法满足等问题。[7]但现在自称"非自愿独身者"的基本上都是异性恋男人,他们中的大部分人都非常年轻,经常光顾那些可以匿名或用假名登录的专门讨论非自愿独身思想的网络论坛。[8]非自愿独身者认为,自己有权从被称为"斯泰茜"的"性感"年轻女性那里得到性,但这种权利被剥夺了。有时候,非自愿独身者也会泛泛地表达对爱的渴望,或希望有一个女朋友;有时候则更具体,比如希望得到一个能够给予他们关注和爱的女人。罗杰正因为没有得到这些而感到悲伤。但典型的非自愿独身者希望得到性和爱的原因不仅仅是为了他们自己,甚至也许不主要为了他们自己。他们的修辞暴露了他们将这些商品作为工具的欲望:这些是他们的货币,用来在男性等级制度中购买与"查德们"相当的地位。他们认为"查德们"是"最高级别的男人",拥有非凡的男性权力,和非自愿独身者(他们所谓)的卑微地位形成对比。因此,非自愿独身者的复仇计划不仅针对女性,还针对那些他们认为胜过自己并且阻碍了自己的男性。埃利奥特·罗杰在之前提到的那个视频里说:

> 我是多么想得到那些姑娘啊,可是只要我有求爱的表示,她们就会拒绝我,瞧不起我,觉得我不如别人[冷笑],宁愿去讨好勾引那些恶心的畜生。我要把你们都杀掉,只有这样我才会高兴。

你们最终会发现我实际上是最好的，真正的最高级别的男人［大笑］。没错。等我灭掉姐妹会宿舍里的每一个姑娘，我就到景岛社区（Isla Vista）的大街上去，杀掉我看到的每一个人。那些讨女人欢心的年轻人可以纵情享乐，而我这些年却只能在孤独中日渐堕落。每次我努力想要加入他们，他们总是看不起我，把我当成讨厌的过街老鼠。

哼，和你们相比，我将成为神。

我们也许很容易把这一类怨天尤人的话看作疯子的胡言乱语，确实这就是些疯话：这些混蛋的抱怨非常荒唐，几近滑稽。但不幸的是，我们不能因此就掉以轻心。首先，他们中有些人显然是极度危险分子——特别是因为他们发起攻击时都处在人生谷底，已经完全自暴自弃。他们觉得自己一无所有，所以会用最具暴力、最有破坏性的方式结束自己的生命（在他们看来，这是一种荣耀而快慰的方式）。罗杰、贝尔勒和哈珀-默瑟都是以自毙的方式结束自己的疯狂行动，四个人中只有米纳希安得到了法律的制裁。考虑到生活中经常会出现的模仿行为，我们当然担心这种暴力行为会蔓延开来。因此，理解这种行为的本质和缘由至关重要。

此外，更加微妙的是，非自愿独身者仅仅是某种更为广泛而深刻的文化现象的一个生动表象。在他们身上可以清楚地看到某些男人具有危害性的应得权利感，他们希望别人永远以充满赞赏和爱意的眼神仰视自己——对于那些没有这样做，或者拒绝这样做的人，他们就会进行攻击，甚至将之消灭。最后，我们会看到，这些男人有一个特征：他们认为自己应该得到爱与仰慕，认为这是他们应得的权利。这个特征也经常存在于实施家庭暴力、恋爱暴力及亲密伴侣暴力的男人中，而且这个群体的人数更多。

　　我前面已经说过，如果认为这些人成为非自愿独身者的主要动因是性，那就大错特错了。这不仅仅是因为有些非自愿独身者也向往爱情（或者是爱情的某种外在假象），而且因为他们希望和"斯泰茜们"发生性关系只是他们的手段之一——真正的目的是要在自己的游戏中打败"查德们"。性可以缓解这些男人的自卑情结，至少可以满足他们的性冲动。

　　非自愿独身者总是认为，和其他男人相比，他们的地位低下，如果我们认同他们的这种自我评价，那又错了。例如，就男人的相貌标准而言，《纽约》杂志上最近一篇关于非自愿独身者的文章里的照片上都是一些外貌非常正常的年轻男子——有些甚至很英俊。可是他们渴望有不同的下颌轮廓，有的花巨资做整容手术，比如丰颊和面部整形，目的是让自己看上去更男性化（按照他们自己的标准）。[9]

　　还有一个错误的看法是认为性可以解决非自愿独身者的所谓问题。如果一个非自愿独身者真的开始与人发生性关系，或者进入一段恋爱关系，他会变成什么人？和一些评论者相反，我的猜想是：不会是好人。[10] 一个曾经单身的非自愿独身者很有可能折磨其女性伴侣。任何人都会感到孤独，但一个人如果固执地认为自己有权得到女人在性、物质、生育和情感方面的付出，那他在进入恋爱关系前可能会产生非自愿独身者倾向，而进入恋爱关系后则会出现亲密伴侣间的暴力行为，特别是在他感觉挫败、心存怨恨或妒火中烧的时候。换言之，非自愿独身者迟早会成为施虐者。

非自愿独身者有主动型和被动型之分。埃利奥特·罗杰主要属于后一类型：从他名为《我扭曲的世界》的所谓宣言（其实更像是自传，相当长，有一万多字）中可以看出，他从来不去争取约会机会。他似乎从未接近过姐妹会里的女生，只是假想她们会拒绝自己（这当然可能是准确的预测）。他不敢尝试，不想冒失败的危险，于是他就在远处尾随。在他最后的这次暴力行为之前，他对周围看到的那些相貌俊美的情侣采取过很多小报复行为，因为他们激起了他的妒忌和愤怒。他做得最多的是把饮料扔向他们的脸——有一次是热咖啡，另一次是橙汁。如果他自己的描述准确的话，这是他和"斯泰茜们"最近距离的身体接触。

斯科特·贝尔勒正好相反，他有个肮脏的习惯，那就是喜欢不经允许就触碰女性。简而言之，他是个"咸猪手"。在开枪杀人前，他因为不得体地触碰了一个女学生而从临时教职上被开除（他把手放在她的肚子上，就在胸罩下方，问她痒不痒）。之前，他因为摸过好几个女人而退伍（值得注意的是，是光荣退伍）。他被禁止进入佛罗里达州立大学在塔拉哈西的校区，在那里他有过一连串的不端行为，但学校还是让他拿到公共管理和规划的硕士学位后毕业。其中有一次，他在餐厅里摸了三个年轻女性的屁股，当时她们都穿着瑜伽裤。[11]

在对待男性应得权利这个问题上，贝尔勒和罗杰似乎展现出完全不同的行为：一个表现得跋扈蛮横，另一个则灰心丧气。

贝尔勒把手伸向女性，肆意触摸她们的身体，以此来宣示对女人身体的占有权。而罗杰宣示这种权利的方式是对那些没有主动接触他（这既有字面的意思，也有比喻的意思）的女人心生怨恨。罗杰显然是希望有个女人坐在他大腿上，或者至少是坐在他的门口。而这一切并没有发生，他感觉自己的权利受到了侵害，于是带着复仇计划出现在她的门口。[12]

我并非想要说明这两种行为模式孰优孰劣，它们的表现形式不同，但都是不道德的。意识到有这两种模式非常重要，只有这样，表面的差别才不会遮蔽进攻型非自愿独身者和表面胆怯型非自愿独身者内心深处的相同之处。尤其是后者特别容易被人们错误地视为人畜无害的"好人"，甚至在我们有了确凿证据可以提出反证之后仍然如此认为。

非自愿独身者常常是恶毒的种族歧视者。这并不意味着所有非自愿独身者都是白人，事实上，有很多非自愿独身者并不是白人，他们被一些种族歧视者称为"咖喱独身者"和"米饭独身者"。[13]但非白人的非自愿独身者常常支持白人至上主义。例如埃利奥特·罗杰，他有一半华人血统，但对自己充满了种族歧视与仇恨，这一点在他的文字中一览无遗。他哀叹自己没有白色的皮肤，渴望成为金发碧眼的白种人：

> 我和别人不一样，因为我是混血儿。我有一半白人血统，一半亚洲人血统，这让我和那些一般的纯白种孩子不一样，我努力想要融入他们。
>
> 我很妒忌那些酷酷的小孩，我想和他们一样。我的父母

没有把我打扮成他们那样，这让我很沮丧。他们从来没有想过给我穿时髦的衣服或给我剪好看的发型。我得想办法努力改变，我得自己去适应。

我做的第一件事是要求我的父母允许我把头发漂成金色，我一直很妒忌也很羡慕那些有金黄头发的人，他们看上去漂亮得多。[14]

在开车去加州大学圣巴巴拉分校袭击那些他（错误地）认为拒绝了他的"热辣金发婊子"前，罗杰刺死了他的两个室友和他们的一位客人。三位受害者都是亚裔——他一共杀了六个人，这前三位死者之所以成为他的目标也许就是因为他们是亚裔。[15]

罗杰对黑人也充满了根深蒂固的偏见。在《我扭曲的世界》中，他大肆攻击那些跨种族的情侣或夫妻，特别是那种男的是黑人女的是白人的情况。他说他在景岛社区最初的两个室友（不是他后来刺死的那两位受害者）"人很好"，但令他不满的是：

他们老是邀请一位叫钱斯的朋友过来玩。他是个黑人，老是过来玩，我讨厌他那副不可一世的样子。后来，我和他之间发生了一件极不愉快的事情。那天我在厨房里吃饭，他来了，开始向我的室友夸耀他多么受女孩子欢迎。我实在听不下去了，就过去问他们是不是处男。他们诡异地看着我，说他们很久以前就不是了。想到自己在生活中错过了太多东西，我觉得自己低人一等。那个叫钱斯的黑人说他13岁的时候就失去了童贞！不仅如此，他还说，让他失去童贞的是一位金发的白人女孩！我实在太气愤了，差一点就把橙汁泼在他脸上……

一个低等丑陋的黑人男孩怎么能和一个白人女孩上床，而我却不能？我很帅，我有一半白人血统。我的祖先是英国贵族，而他的祖先是奴隶。我应该得到更多。我努力不去相信他的鬼话，可是那些话已经从他嘴里说出来，再也无法从我的脑中抹去。如果这是真的，如果这个丑陋的黑人渣渣能在 13 岁时就和一个金发的白人女孩上床，而我却要一辈子保持童贞，这就正好证明了女人是多么荒唐。她们宁愿把自己给这样肮脏的人渣，却拒绝我？太不公平了！[16]

斯科特·贝尔勒在一系列 YouTube 视频中也表达了类似的恶毒情绪。例如：

如果我看到一对跨种族的情侣，我就会想到两种可能……要么是这个男人没本事，要么就是这个女人是妓女……军队里有很多这种情况，看到那些有亚洲老婆或黑人老婆的军官，我会想：你只能将就了，你自己没本事，找不到更好的老婆。我的意思是，哪怕是找个邮购新娘*也好……你可以找一个俄罗斯或乌克兰来的邮购新娘。你没必要将就

---

* mail-order bride，一个带有贬义的用语，具有冒犯性，指从外国找来女性，由男性从中挑选与之结婚，有明显的买卖婚姻的性质。

找一只鬣蜥，一只蜥蜴。[17]

这种反对种族通婚的恶毒偏见显然和非自愿独身者执念于男性等级制度密切相关——例如，想到一个处于种族社会等级制度下层的男人获得白人女性的性和情感会让他暴怒。[18]他对这种关系中的男女怀有同样的敌意，而且他自己也许不一定是白人。即便如此，他的仇恨显然就是白人至上主义及其催生的应得权利感的产物。

"非自愿独身者"里的"非自愿"这个概念很发人深省——仔细想想，会令人不安。通常，如果不用这个词，相关表达会让人错误地认为该行为是蓄意的、故意的，或者是心甘情愿的，为了避免这种错误认识，我们就要用上这个修饰语。例如，"非自愿杀人"（即过失杀人）指非故意的杀人，哪怕是因为鲁莽造成的。类似地，"非自愿劳役"（即强制劳役）指的是被不正当地胁迫劳动，而不是根据协商的合同心甘情愿地劳动。

说一个人的独身是非自愿的，而不是说这是一种令人失望的状态，这种提法本身就很意味深长。这和一个"单身但寻找爱"或"没人约会但渴望约会"的人完全不同，也没那么单纯。非自愿独身这个词强烈暗示这种独身是被人强加在非自愿独身者身上的，甚至是违背他的意愿、强迫他接受的。涉及性的时候，这种暗示纯属蛮不讲理。只要非自愿独身者认为他有权和女人发生性关系，那么女人就有义务这么做，至于这是否违背她的意愿，他根本无所谓。基于这些理由，很显然，应该被视为自愿或非自愿的是性行为，而不是独身这种状态。

我们也许很容易因此得出结论，认为非自愿独身者完全无视女人的内心世界——认为女人没有思想，不过是个东西，不配做人，或者是非人类动物。在一些非自愿独身者的表达里，确实可能找到这个结论的依据：例如，在上文中，斯科特·贝尔勒侮辱女人是鬣蜥或蜥蜴。

我认为我们应该避免得出这种结论，因为这么做太过简单省事了。首先，非自愿独身者清楚地认识到，女人是有思想活动的，如果他想要她们喜欢他、崇拜他——更准确地说，如果他要求她们喜欢他、崇拜他，她们就有思想活动。罗杰的文字就很典型：他沮丧地揣摩为什么他渴望的女人不喜欢他，为什么她们会去"讨好勾引那些恶心的畜生"。他抱怨说："我不知道你们为什么不喜欢我。"很显然，在罗杰眼里，这些女人有行动力，有欲望，甚至对性行为有自主权。因此，当她们喜欢其他男人而不是他这个"至尊绅士"时，他暴怒了。[19]

换句话说，这些女人拥有自由——她们有做出自己的选择的能力——这一点毫无疑问。但如果她们的选择对他不利，那么他就会憎恨这种自由。

我们回想一下斯科特·贝尔勒的小说标题——"被拒绝的青年"，这是他在青少年时期写的。虽然没有发表，但《华盛顿邮报》这样描述它：

> 这篇七万字的小说是一个中学男生的复仇幻想，他对那些躲避他、羞辱他的女孩心怀仇恨。男主人公斯科特·布拉

德利评论她们的外貌，嘲笑她们的男朋友，对她们的蔑视感到愤怒。他难过地说："那些辣妹都讨厌我，而我却不知道为什么。"

他杀死了她们，一个接一个，非常残忍，一边还欣赏着她们的身体。在最后的场景中，他割开了那个领头女孩的喉咙，然后从屋顶纵身跳下，此时，警察正向他包围过来。[20]

尽管小说中的情节与罗杰的自传及暴力行为非常相似，但贝尔勒是在 20 世纪 90 年代写的这篇小说，那时他是个高中生，而罗杰还是个小学生——据他自己描述，那时他正快乐地享受着童年时光。

为什么非自愿独身者有时会用如此去人性的、物化的语言来谈论女人——例如，把女人称作"女机器人"*？[21] 我们前面已经看到，这并不是因为他们相信女人真的是非人类动物、性对象、机器人或其他类似的东西。一个简单的解释是：之所以用这种称呼，是因为他们的愤怒让他们想要贬低女性。非自愿独身者热衷于社会等级制度，包括类似于"伟大的生存之链"†这样的等级制度——最上面是上帝，最底层是非人类动物，中间是各种等级的人。所以，说一个女人不是人就是最极端的侮辱了。但她犯下的所谓道德罪行是人犯下的罪行，是只有人才会犯的罪，她被迫接受的惩罚也是人才会采取的行动。非人类动物不会背叛它们的主人，

---

* femoid，由 female（女性）和 oid（类似）组成，是非自愿独身者物化女性的词汇。
† the great chain of being，详细说明所有物质和生命的严格的、宗教的层次结构。

虽然它们可能会令主人失望。人类通常也不会对非人类动物实施报复。[22] 如果他们这么做了，那他们不仅仅是伦理上有问题，而是脑子有问题了。在我看来，《白鲸》*讲的就是这样的事。

认为非自愿独身者不把女人当成完整的人的想法过于简单化了。这会让其他男人——那些虽然不会把女人称作"猪"或"狗"，但和非自愿独身者一样，认为自己有应得权利的男人——可以轻松地为自己辩护。如果有人指责他们有厌女行为，他们会说自己承认自己的妻子、姐妹、母亲或其他女性亲属是人。男人应该知道没有哪个女人是属于他的——他也不应该在一种不对称的道德关系中得到任何女人的爱、关心和赞赏。只要想一想，就很容易认识到一个明显的事实——女人完完全全是个人。真正困难的是承认她是一个有血、有肉、有思想的人，而不只是一个提供爱、性和道德帮助的人。她应该有权做她自己，有权和别人在一起。

非自愿独身者并非没有道德标准（虽然他们确实是极不道德的），他们深信某种特殊的道德秩序。他们不仅仅感到气愤，而且满腹委屈；他们不仅仅觉得失望，而且愤愤不平；他们不仅仅认为女人乃至全世界辜负了自己，而且还确信自己遭受了背叛。他们觉得全世界都亏欠他们，经常认为自己是弱势群体，是

---

* 《白鲸》(Moby-Dick)是 19 世纪美国小说家赫尔曼·麦尔维尔的长篇小说。在一次捕鲸过程中，捕鲸船船长亚哈被白鲸莫比·迪克咬掉了一条腿，因此他满怀复仇之念，一心想追捕这条白鲸，竟至失去理性，变成一个独断独行的偏执狂，最终与白鲸同归于尽。

受害者，他们很敏感，甚至觉得自己受了创伤。罗杰这样描写他11岁时在夏令营第一次被女孩子羞辱的经历：

> 我当时在和新认识的朋友玩儿，什么都没想，他们呵我痒，经常有人要呵我痒，因为我很怕痒。我不小心撞到一个和我年龄差不多的漂亮姑娘，她非常生气。她骂我，还推我，让我在朋友面前非常尴尬。我不知道这姑娘是谁……但她非常漂亮，而且比我高。我一下子僵住了，呆在那里。我的一个朋友问我怎么了，我没有回答。我那一整天都很安静。
>
> 我无法相信眼前发生的事情。女人残酷起来比男人要厉害10倍。这让我觉得自己像一只卑微讨厌的小老鼠。[23] 我觉得自己是那么渺小，那么脆弱。我无法相信那个女孩会那么讨厌我，我想那是因为她觉得我是个窝囊废。那是我第一次体会到女人的残酷，这让我的心灵受到了无法修复的创伤。我在女孩子面前比以前更加容易紧张，从那时起就对她们特别不感兴趣［原文如此］，特别小心翼翼。

"创伤"和"受创伤"在罗杰的所谓宣言里出现了10次，而且都是指他自己。在这一点上，他和他那些非自愿独身者兄弟是一样的。这样的主题在他们的文字中随处可见。Incels.co 网站的一位匿名用户写道："我们的一生都在忍受被女人厌恶的痛苦，她们连个机会都不给我们。我们生来就低人一等，让她们如此仇恨……要让她们受折磨。她们的虚伪是一种罪，要让她们放荡的余生都受尽折磨。"

让人悲哀的事实是，和很多压迫者一样，非自愿独身者认为自己是容易受到伤害的人。他们对人恶语相向，却觉得自己是真正的受害者；他们做了最可怕的坏事，却认为自己有理。我们完全有理由对非自愿独身者的自我描述表示怀疑，他们认为，这世上有一个不公平的等级制度，是按照魅力程度来划分的，和其他男人相比，他们处在这个等级的最底端。其实更有可能的是，他们是想寻找一个可以让自己找到位置的不公平的等级制度，然后为自己原有的自卑和怨恨辩解。[24] 我们也许可以怀疑，他们的抱怨没有什么道理：那不过是事后为他们自己毫无根据的受害情结找个借口——他们认为自己被人压迫、遭人摧残，而事实上那些人根本没有冤枉过他们，没有阻挠过他们，甚至没有拒绝过他们。特别要说的是，那些被非自愿独身者以所谓的罪孽为由而憎恨的女人只不过是在过她们自己的日子，做她们自己的事而已。

以上思考，对于我们应该（以及不应该）如何对待那种认为自己有应得权利的非自愿独身者的心态很有启发。通常的伦理规则是，当一个人处于痛苦之中时，在我们和他／她的其他所有条件相同的情况下，我们应该尽可能去抚慰和减缓他／她的痛苦。如果我们没有能力帮助他／她，至少也应该表达同情。非自愿独身者确实常常处于痛苦之中（虽然那种痛苦很多时候是被夸大的）[25]，但是如果一个人过分强调自己有权利得到别人的慰藉，然后因为这种应得权利感没有得到满足而痛苦，那么介入其中去减缓他的痛苦就成为一件在伦理上令人担忧的事情。如果我们表达同情，就会助长他这种错误而危险的想法——其他人，特别是女性之所以存在，是为了迎合非自愿独身者的需要，满足他们的自我。[26] 所以，不论是在这里，还是在其他地方，我们都要顶住压力不要去同情男性施害者。

非自愿独身者最近制造了很多头条新闻，要想知道为什么，只要看看一些非自愿独身者犯下的恶劣厌女暴行就不难理解了。但事实上，这些行为与日常发生的很多事情（从家庭暴力到强奸，再到性掠夺和性胁迫）处在一个连续体上，往往会被人忽视。非自愿独身者实施的最极端行为和亲密伴侣暴力中的最极端行为密切关联，有时候两者会被混淆起来。

21 岁的布兰登·克拉克杀死 17 岁的比安卡·德文斯后，被推特（Twitter）上的早期报道描绘成一个非自愿独身者。但他似乎并不是，没有任何证据可以证明他属于任何一个这样的网络社群。确实，这两个人是在社交媒体上认识的——在 Instagram 上。但据受害者的家人后来说，他们在现实生活中已经在纽约州北部约会了两个多月。[27] 事实上，在那段时间里，他成为女孩家人信赖的朋友，所以当他们计划去纽约一起听音乐会时，没有人表示担心。[28]

那天晚上到底发生了什么还不完全清楚，但有些报道说比安卡·德文斯在音乐会上和另一个男人调情，还和那个人接了吻，这让布兰登·克拉克非常生气。很显然他们发生了争吵，最后他残暴地割断了她的喉咙，有人描述说她的头和身体已经分离。作案后，他威胁要自杀，刺伤了自己的脖子，但没有致命，警察将他逮捕后把他送到医院（后来他完全康复并被指控二级谋杀[29]）。在被捕之前，克拉克把女朋友的尸体照片还有他自己伤口的自拍发到 Discord* 聊天软件上，并对比安卡的粉丝说，"你们得换个人去追捧了"。看上去他很妒忌她所获得的关注，而认为她没有给予他足够的关注。[30]

对于像克拉克这样在对女性实施犯罪行为后把照片证据放在网上的男人，法律教授和隐私专家洛丽·安德鲁斯评论说，"这些人真的希望那些看到照片的人会同情他们，认为他们有权教训她"。媒体心理学研究中心主任帕梅拉·拉特利奇认为，这种行为是"在错误地想要获得社会认可，感觉自己很特别"。她补充说，"这种要获得'赞赏'的动力超过了怕被逮捕的担心"。[31]

由于克拉克这种令人发指的自我推销，这件事在网上一下子传开了。虽然他似乎和任何非自愿独身者论坛都没有瓜葛，甚至也没有直接接受他们的思想，网络上的非自愿独身者竟然为德文斯的死庆祝。Incels.co 网站的一个用户写道："她的死让我开心。"另一个写道："老实说，从截屏来看，那个婊子令人讨厌，她是咎由自取。"还有另一个论坛一个用埃利奥特·罗杰照片做头像的用户说："他整天围着她转，而她却不把他当回事，这让他觉得自己像堆狗屎。"[32]

很多家庭暴力、约会暴力和亲密伴侣暴力的例子都有相同的模式：一开始似乎毫无恶意，然后开始嫉妒，再然后就是因为某种所谓的背叛而实施残酷的报复，但这些对于我们的集体认识很少产生影响，或者没有影响。在美国，每天平均有两到三个女性被她们现在或过去的亲密伴侣杀害。[33]目前看来，在亲密伴侣

---

* Discord 是一款面向游戏玩家的文字和视频聊天应用软件。

暴力中，对女性来说，最危险的时候是她结束一段关系或威胁要结束一段关系的时候，这会激起男性伴侣或前任男性伴侣心中的嫉妒、愤怒和被抛弃感。[34] 正如家暴研究专家辛迪·索思沃思指出的，接下来他的罪行是要"控制她的世界，想要成为她唯一重要的人"。索思沃思评论说，在比安卡·德文斯的遭遇中，情况也是如此：

> 这并不是有关 Instagram 上交友的故事，而是关于恋爱暴力和凶杀、关于权力和控制的故事，讲的是一个男人认为自己有权结束一个女孩的生命，而且还胆大包天地把尸体照片发到游戏平台上。[35]

克拉克和德文斯的故事也不是非自愿独身者的故事。说到底，这一章里涉及的几个故事都是有关男性认为自己应该得到某些权利而使用暴力的故事。

第三章　特别结案处理

关于男性有权利得到性爱

蕾·弗洛赖克是明尼苏达州一位五十多岁的女性，一直在与咽喉癌抗争。截至 2013 年，她已经做了 15 次手术。她经常处于疼痛之中。但那天，她感觉胳膊疼。"我前一天铲过雪，所以心想：哎呀，我这是怎么啦？"她的声音有点刺耳。[1]

她让与自己关系时断时续的男朋友兰迪·瓦内特买了一些香烟和六箱 Twisted Tea（一种温和的含酒精茶饮）。他帮她买来，把发票给她——他似乎没有注意到蕾的手臂上吊着用洗碗布临时做的绷带。蕾当场把钱付给他，并且答应做午饭给他吃，以示感谢。但兰迪不想吃饭，他想要和她上床。蕾不愿意，对他说："我身体不舒服，我不想……"兰迪回答说："哦，没关系的，宝贝，上次你吃了药昏睡后我干了你两次。"

蕾花了好几分钟才明白自己听到的是什么。"你不可以这么做，"过了好久她才反应过来，"那是强奸。"

没错，那确确实实就是强奸。[2] 兰迪说的那个晚上，他们先是有过你情我愿的性行为。之后，为了止痛，蕾吃了止痛片，喝了两瓶含酒精的茶饮，然后就睡着了，而且睡得很沉。在她睡着没有意识的时候，兰迪两次单方面实施了性行为——强奸了她。

蕾后来说，她觉得自己"遭到了背叛……整件事我没有发言权。我不知道他对我失去意识的身体做了什么"。[3]

在左思右想了三个星期之后，蕾联系了一个丈夫在执法部门工作的朋友，那位朋友给警长打了电话。在警官来到家里之后，蕾提议偷偷录下兰迪的坦白。警官说不可以这么做，说这是在设圈套——其实并没有这种说法。蕾还是这么做了，她在沃尔玛超市买了摄像机，把泰迪熊的肚子剪开，把摄像机藏在里面。她偷偷地录了两段对话，在对话中，兰迪承认了他做的事。第一段对话是这样的：

蕾：你知道我昏迷了，你那天在厨房里是这么说的。"宝贝，那天你昏过去之后，我干了你两次。"

兰迪：没有，我没说"昏过去"。

蕾：那你怎么说的？你怎么说的？我觉得你是没说"昏过去"，而是"昏睡"。

兰迪：我不知道，不是"昏……"，是的，对，我们在睡觉。

蕾："昏睡"。

兰迪：睡觉。你在睡觉，你在睡觉的时候我要了你。

蕾："你在睡觉的时候我干了你。"你是这么说的。

兰迪：对。

蕾：对。

兰迪：对，我是这么说的。

蕾不知道第一次录音有没有成功，所以第二天又约兰迪过来。他们一边吃比萨一边聊天：

蕾：兰迪，我睡着的时候你对我干那事，我肯定很丑，老天啊。

兰迪：你睡着的样子很美。别提了，不要再提这事了。你很美。

蕾拿着录音去了警察局。那天她的喉咙很不舒服，所以只能用嘶哑的声音低声说话，有的时候几乎听不清楚。但有一点她很清楚：兰迪在她服药之后，违背她的意愿和她发生了性关系。[一个名叫迪安·谢尔夫的警探问她："这就是你要报的案吗？"蕾回答说："没错。"]但谢尔夫警探一而再再而三地警告她：

什么事情都有当事双方，不管你怎么说，像这样的案子十有八九都是你说你有理，他说他有理。

一周后，谢尔夫把兰迪叫到警察局去，他们的对话非常友好。

谢尔夫：我昨天就告诉过你，我只是想和你说一下她说了什么，然后了解一下你这边是怎么说的。我并不想把你关起来或者做别的什么。你……不管你今天跟我说什么，你都不会有事，明白吗？没人指控你，你没有被捕或别的什么。只是……

　　兰迪：这真是件让人伤心的事。

　　谢尔夫：哦，我知道。谁也不想处理这种事，但我们必须处理。

　　兰迪：谢谢你。

　　谢尔夫：她报了案，而且……她提出了非常严重的控诉，说在她服药之后昏迷时你们之间有性接触，这是她的话。

　　兰迪告诉谢尔夫的情况基本上和他告诉蕾的一样：他在蕾失去意识时和她发生了性关系。他回忆说："她当时没有同意也没有拒绝。"兰迪否认这是强奸，还说当时发生的事很浪漫。他后来补充："这对我来说是件痛苦的事，以后还会持续让我痛苦。"他这么说是在拐弯抹角地希望得到对男性施害者的同情。

　　我所理解的同情男性施害者是指在性侵、性骚扰和其他厌女行为中，相比于和他地位相当或处于弱势的女性被攻击对象或受害者而言，男性施害者得到了过多或不恰当的同情。鉴于厌女症经常会涉及因为一个女人的"坏"行为而惩罚或责怪她，而这种"坏"行为是以父权规范和期望为标准的，你就能很好理解同情男性施害者其实是厌女症的另一种形式，是它的翻版，两者总是相伴相随的（尽管这非常不公平）。厌女症贬低女性，而对男性施害者的同情则保护了这些贬低女性的人，把他们美化成

"好人"。

对男性施害者的同情，会导致对厌女症受害者和被攻击对象进行指责或者压根儿忽略她们的存在。如果大家把同情的重点放在施害者身上，她就会因为让人们注意到他的恶行而遭受怀疑和敌意。[4]她的证词也许因此不会被合理地接受，相反，那些同情男性施害者的人会为他找出没完没了的借口。

有一个令人瞩目的相关案件：19 岁的布罗克·特纳性侵了22 岁的香奈儿·米勒*。参加完斯坦福大学兄弟会派对后，在米勒喝醉酒失去意识的情况下，特纳对她进行了性侵。[5]虽然特纳在垃圾桶后面侵犯米勒时被当场抓住（两个瑞典研究生对他实施了公民逮捕†），很多人仍对特纳是强奸犯的可能性表示怀疑。[6]他的一个朋友认为，特纳的罪行"和绑架并强奸走到停车场取车的女性性质完全不同"。她在一份证明他品行端正的声明中写道："那才是强奸犯，我确信特纳不是这样的人。"她认为，当时发生的事情是因为在"野营般的大学环境"里，"事情失控了"。她要求法官不要根据"一个除了自己喝了多少酒其他什么都不记得的女孩的证词"来判刑。很多人仍然用米勒那天喝了多少酒来作为判断这个案件的决定性因素。毫无疑问，这是典型的指责受害者行为。[7]

另外一些人虽然没有指责受害者，却通过将米勒从这个事件中抹去姓名来表达对男性施害者的同情——这是一种我称之为

---

* 香奈儿·米勒于 2019 年出版了《知晓我姓名》(*Know My Name*)，以受害者的身份实名讲述了这一事件。

† Citizen's arrest，指的是由公民而不是执法人员实施的逮捕。

"消除女性受害者"*的行为。很多新闻报道提到特纳高超的游泳技术，提到他因此失去的大好前程——但从不提米勒的前程。米勒这样描述特纳的很多支持者：

> 就算在判罪之后，他们还是相信他可以不受惩罚。他们坚定不移地支持他，拒绝承认这是性侵，只是称之为"糟糕的错误""不幸的事情"。他们还说："布罗克并不认为自己凌驾于法律之上或者有什么特权……作为一个女人，我从来没有受到过他的威胁。"在他母亲长达三页半纸单倍行距的声明中，没有一次提到我。抹去一个人的存在是一种压迫手段，是拒绝面对事实。[8]

与此同时，特纳的父亲悲叹自己的儿子没了胃口，连烤肉架上刚烤好的肋骨牛排也引不起他的兴趣。特纳失去了"无忧无虑""开朗随和"的天性，这让他父亲认为这件事非常不公平，而不是他儿子罪有应得。更让人震惊的是，这个案件的法官阿伦·佩尔斯基竟然愿意相信特纳家人和朋友有关他是个"好人"的说辞。关于之前提到的那位特纳的女性朋友说的话，佩尔斯基说，"我觉得这很可信，这可以证明，在这件事情发生当晚之前，他的性格是很积极阳光的"。同样，特纳的父亲把他儿子的罪行描述成只是"他二十多年生活中 20 分钟的行为"。

---

* herasure，由 her（她）和 erasure（清除、抹掉）组成的新造词，表示把女性受害者从事件中抹去。

但我们知道，那些实施性侵行为的人往往是惯犯，所以假定特纳在其他时候品行端正可能是太乐观了。例如，在他的案件审理之后，又有人曝光说他曾经眼神挑逗地瞥着斯坦福大学游泳队的女生，对她们进行不得体的评论。[9]有两个年轻女性向警察报告，在斯坦福同一个兄弟会的另一次派对上，特纳对她们"动手动脚"，和她们跳舞时样子"令人害怕"——这发生在他侵犯米勒的前一周（但她们是在特纳侵犯米勒六个月后才报的案）。正如米勒指出的，这些事"完全消失在那些爱他的人及媒体所展现的形象之外"。《华盛顿邮报》甚至说他"品行无可挑剔"，长着一张可爱的"娃娃脸"。[10]

在人们表达了对他的同情，以及试图抹去她的存在之后，特纳仅被判处在县监狱服刑六个月，并且实际上只服了三个月刑（加上三年的缓刑）。佩尔斯基担心，如果刑期更长，会对特纳的未来产生"严重影响"。[11]可是，那个他伤害过的女孩，以及他今后可能伤害的女人们怎么办？

"警察说：马里兰州少年校园枪手显然是因为相思成疾。"这是美联社的新闻标题。报道描述了17岁男孩奥斯汀·罗林斯枪击了他的两个同学——其中一个是他的前女友杰琳·威利。一天后，女孩被宣布脑死亡，并且停止使用机器维持生命，这就使罗林斯成为杀人凶手。有人抗议这个新闻标题带有同情色彩的措辞，但类似标题很快蔓延开来，被很多重要新闻机构使用，包括美国广播公司、微软公司门户网站和《时代周刊》。[12]

《洛杉矶时报》上的新闻标题这样写道："得克萨斯州校园枪

手杀死一女孩，该女孩母亲称，女孩曾拒绝其求爱并在班上让其难堪。"[13] 17岁男孩迪米特里奥斯·帕戈西茨后来坦白，他开枪杀死了10个人——包括莎娜·费希尔，一个拒绝过他的女孩。据女孩的母亲萨迪·罗德里格斯说，莎娜"和这个男孩的问题有四个月了"，"他一直在追求她，而她一直在拒绝"。[14] 据说，帕戈西茨不断施压，莎娜实在忍无可忍，就当着班级同学的面拒绝了他，还说了些令他难堪的话。一周后，他开枪杀了她，连同其他七个同学和两个老师。

帕戈西茨的家人发表了声明，说他们"和其他人一样，也为发生的事情感到震惊和迷惑"。他们还说：

> 我们感谢圣塔菲高中其他学生发表的公开评论，他们描述的就是我们所知道的迪米特里奥斯：一个聪明、安静、可爱的孩子。我们从媒体报道上了解的和我们所爱的这个孩子似乎完全不是一个人。[15]

这些想证明枪手"可爱"的话也许让他的家人满意，可是这些话会产生严重的误导，在受害者的身体致命伤上又撒上了一把让他们精神痛苦的盐。

澳大利亚前国家橄榄球联盟运动员罗恩·巴克斯特把汽油泼在车上然后纵火，杀死了分居不久的妻子汉娜·克拉克和三个年幼的孩子——阿利娅、莱安娜和特里。巴克斯特在事故发生后刺伤自己身亡。但最初的一个新闻标题是，"前国家橄榄球联盟运动员罗恩·巴克斯特与三个孩子及分居的妻子命丧布里斯班汽车大火"[16]；另一个报道该事件的照片说明文字上写道，"前国家橄榄球联盟明星罗恩·巴克斯特是一个喜欢玩闹、疼爱三个孩子的父亲"[17]。警探马克·汤普森说，他对发生在澳大利亚昆士兰的这些事件"持开放态度"。澳大利亚媒体评论员贝蒂娜·阿恩特在推特上发文说：

> 昆士兰警方能够对这一事件持开放态度并等待合理证据，包括巴克斯特也许是被"逼急了"的可能性，他们值得赞扬。且看那些不由分说的愤怒。女人用刀捅死丈夫，驾车将孩子开到水坝里，女权主义者会给她们找借口辩解，而现在这种情况下，她们却马上就说这个男人代表了所有男人身上的邪恶暴力。警察能够不被她们牵着鼻子走，需要多么大的胆量。[18]

阿恩特于 2020 年被授予澳大利亚勋章（类似于大英帝国勋章的荣誉），理由是她"作为社会评论员，为社会提供了重要服务，通过支持男性促进了性别平等"。[19]

对男性施害者的同情经常严重歪曲男性暴力侵犯女性的行为事实，有些时候这种行为是针对儿童的。[20]同情男性施害者的人会运用想象，把残暴的谋杀推断成可以理解的冲动行为，或者是逼不得已。运用想象，把另一些罪行，比如强奸，变成简单的误会和酒后乱性。

在蕾·弗洛赖克的案件中，兰迪·瓦内特自始至终没有因为自己供认不讳的罪行而被捕，或受到谴责，或被起诉。[21]迪安·谢尔夫是审问过蕾和兰迪的警探，他在当地做了近30年的副警长后退休。记者马克·格林布拉特在谢尔夫的家里对他进行了采访，问他为什么没有逮捕兰迪：

> 格林布拉特：受害者说兰迪在她睡着或昏迷的情况下和她发生了性关系。
>
> 谢尔夫：嗯嗯（表示肯定）。
>
> 格林布拉特：她没有同意那么做。
>
> 谢尔夫：是的。
>
> 格林布拉特：这是犯罪吗？
>
> 谢尔夫：可以算。对，是犯罪。我不应该说可以算，这是犯罪，但有没有其他构成要件证明他犯罪？
>
> 格林布拉特：如果嫌疑人承认他在对方睡着时和她发生了性关系，你还需要什么证据呢？你需要更多的证据吗？
>
> 谢尔夫：哦，是的。他们两个人，受害者是一种说法，而嫌疑人说："不，不，不，我没有那么做。"这就是你得到的证据。没有别的……没有其他物证或证人可以证明这个案件。我们审问过，但没有物证，他们各有各的说法，我们有录音。
>
> 格林布拉特：我想请问，警察先生，什么叫各有各的说法？他承认和一个他认为醉酒昏迷的人发生了性关系。这叫什么各有各的说法？

事实上，这根本就不是什么各有各的说法的事，但在这个案件中这并不重要，在很多类似的案件中也不重要。重要的是相关的利益冲突，即使是在对事实没有直接争议的情况下：（她）声称的和（他）否认的之间没有冲突。在有些案件中，比如在这个案件中，他也许就是对自己的罪行供认不讳，但并没有人对他采取什么行动，我们会看到，在有些人的眼里，他也许甚至还会被当成她的受害者。上面的采访还在继续：

格林布拉特：在你看来，需要什么证据才能说服你在性侵案件中实施逮捕？

谢尔夫：有时候要很多证据，有时候不需要……这需要就事论事。

格林布拉特：嫌疑人当着你的面承认，还录了音，这……

谢尔夫：我不想和你辩论法律。我决定不逮捕他，他没有被起诉，事情就是这样。我后来就去办别的案子了。我不知道还能告诉你什么。

在早些时候，这位警探这样评论自己的理由：

谢尔夫：并不是说没有已经排除合理怀疑的证据，但这个案子没有足够的合理依据能实施逮捕。他们各有各的说法，而且报案离事发已经隔了一段时间，他们当时是你情我愿的关系。这样的案子不能抓人。

可能有排除了合理怀疑的证据，但没有合理依据，我们应该注意到这种说法前后不一致。对于判罪来说，排除了合理怀疑的证据要比合理依据作为证据的标准高得多。[22]

采访是这样收尾的：

> 格林布拉特：这不就是一个女人被认识的人强奸了的案件吗？
>
> 谢尔夫：哦，是的，这是可能的，但我敢打赌，如果我们去收集一下调查过的这类案件，看看有多少人被起诉了，很有可能只有极少数人被起诉了。不管是什么原因，事实就是如此。还有，这要取决于检察官和法庭，我们有这套完善的体系。[23]

检察官托德·韦布说，他们拒绝起诉兰迪·瓦内特的原因之一是这个案件的受害者"不能证明发生了什么，因为她自己也不知道发生了什么事"。这并不奇怪，毕竟她被侵犯时是失去意识的。谋杀案的受害者更不可能为所受的伤害做证，但检察官还是会在他们缺席的情况下继续推进案件。

另一个检察官吉姆·阿尔斯特德认为，把摄像机装在泰迪熊肚子里录音对兰迪不公平，他中了"圈套"。在被问到蕾为什么要做伪证陷害他而不是努力走司法程序时，阿尔斯特德回答说："也许她在接受社会救济。"又或许她撒了谎，其实她是非法使用了毒品——他的这些说法都没有证据。

在同情男性施害者、抹去女性受害者和责备受害者这些问题上，什么样的可能性都会有。所以我们认为，强奸涉及的不仅仅是个体的坏人，也涉及那些惯犯，他们在一个同情男性施害者的社会体系里有了成为惯犯的可能，他们得到了保护甚至鼓励。

在社会体系缺陷这个问题上，同样是什么样的可能性都有。不仅仅是警察以情况特殊为由拒绝实施逮捕，检察官拒绝起诉。在美国的很多司法管辖区，强奸案件通常都以所谓的"特别结案"*为由来解决。2018 年，《调查报告中心》编辑部的记者联合 ProPublica† 和 Newsy‡ 的记者对此进行了长达一年的调查。他们依据《信息自由法》提出申请，要求获得 110 个主要城市和县的资料，最后只成功获得大约 60 个地方的档案。他们发现，在几乎一半的城市和县，警察都以"特别结案"为名了结了大多数强奸案。[24]

据费城性犯罪组负责人汤姆·麦克德维特警官称，这种做法适用于，或者说只是为了适用于以下类型的案件："你了解该犯罪行为，你可以证明该犯罪行为发生了。你有受害者，你知道这个人在哪里，他们是谁。但检察官不想起诉，或者受害者不想推进案件。"[25] 一位司法部门官员证实，"特别结案"就应该是特

别的，只适用于在有了充分证据可以逮捕，但由于某些原因而无法实施逮捕的情况：例如，嫌疑人已经死亡或被监禁，或者是受害者拒绝合作。[26] 在杀人案件中，"特别结案"通常只占大约 10%，这意味着大约 90% 的已结案件都是以逮捕方式结案的（当然，这代表还有相当大比例的案件没有结案——"未解决"或成为悬案）。[27]

但在强奸这个问题上，很多警察机关似乎是在违反他们自己的政策。在一桩记者们从头到尾跟踪的强奸案中，虽然那位被强奸的年轻女子下定决心要彻查到底，但最后还是做了特别结案处理。强奸取证包[*]显示，她身上的伤痕和瘀青与她报案时描述的性侵行为相符。她积极配合警察，而且不断重申她希望得到正义。警察确认了她指控的人（这个人坚持说所指控的性侵是两厢情愿的）。在报警两年后，这个女子突然收到一封信，告诉她案件在两周前已经结案了，特别结案处理。她无能为力：案件已经尘埃落定，一切都结束了。[28]

与此同时，很多城市和县都有很高的结案率，对实际逮捕的结案和特别手段的结案不做区分。因此，特别结案有可能会影响公众对警察效能的看法。

强奸案件特别结案的比例非常高，这一现象对很多人来说也许是新闻，但至少在自由派的圈子里，越来越多的人已经意识到了强奸取证包未被检测的问题。最近检测的大约一万份之前未被检测的强奸取证包（是在底特律警察局仓库的例行检查中发现

---

[*] rape kit，是指性侵案中用来收集和保存 DNA 及其他物证的法医学工具。

的）鉴别出 817 个强奸惯犯。韦恩县检察官基姆·沃西称，全国范围内有大约 40 万份未检测的强奸取证包，现有的证据表明，这些强奸犯在被逮捕之前平均强奸了 7—11 个人。沃西解释说：

> 全国有很多司法管辖区……发现了这些未检测的取证包，但没有采取任何行动。他们说，这些不是发生在他们值班的时候……［但］我不知道怎么会有人能眼睁睁看着这样的问题还这么说。如果我们讨论的是杀人案，不会有人这么说，根本就不会有这样的问题……但因为是性侵，不知道为什么，有些人很容易就把它遮掩过去。[29]

另一个令人警醒的现实是：在之前没有检测的强奸取证包中，大约 86% 的受害者是有色人种——主要是女性。正如沃西所言："你不会找到太多金发碧眼的白人女性［取证包未被检测］……她们的取证包被区别对待，她们的案件已经解决……不幸的是，种族在这里还有很多情况下都是核心问题。我们知道全国的刑事司法系统都是如此。"[30]

有什么理由可以解释这种冷漠，这种充满敌意的而且有针对性的冷漠？我们难道不认为强奸是极其恶毒、极其可怕的犯罪行为吗？是的，抽象地说是这样。可是为什么在现实中，我们面对某些受害者时，却拒绝把某些作恶者绳之以法呢？

一个既简洁易懂又合乎逻辑的解释是，我们认为有些男人有权从某些女人那里获得性。人们经常认为，和地位相当或处于弱势的女性有恋爱或婚姻关系的白人男性，或者是曾经有过这种关系的白人男性，有权"占有"她。[31] 除非有人帮她说话——这个人必须是一个有权势的男人，而不能是女人或有色男性，至少通常是这样。那些最有权势的男人被认为有权在性方面"占有"任何人，而且几乎不会有什么恶劣影响。想想布雷特·卡瓦诺的案子；想想唐纳德·特朗普，在他当选总统之前已经有好几个女人证据确凿地指控他性侵。[32] 再想想现在臭名昭著的杰弗里·爱泼斯坦案件，他是著名的银行投资家和金融家，八十多个女孩指控他对她们进行了性虐待，其中有很多还是未成年人。他被指控在他的棕榈滩岛豪宅里调教和性侵这些女孩，让她们为他按摩，然后抚摸她们或手淫，有时候还强奸她们。在 2019 年之前，他所承担的后果可以忽略不计。[33]

对于那些以各种方式被边缘化的女孩和女人——无论她们是黑人、跨性别者、残疾人或是其他人，强奸她们的男人常常会逃过惩罚，这个比例非常高，这使得她们的强奸取证包没必要检测。其结果是，取证包会失效，与此同时失效的是她们获得道德关怀、获得正义的权利。"得知我终于可以讨回公道，我真是太惊喜了。"15 年前，特蕾西·里奥斯被人引诱进亚利桑那州坦佩市一间没有人的公寓，在那里遭到了强奸，她的强奸取证包一直没有被检测，直到 15 年后。她说："我已经对这个体制丧失了信心，我认为他们根本就不关心。"[34]

强奸里奥斯的人被判七年徒刑，现在还在监狱中。但这样的结果太少见了。从理论上来说，强奸犯是可以被判终身监禁的，但现实是，即便证据确凿，那个强奸你的人却仍然可以逍遥法外。你还有什么价值？除了觉得自己低人一等外，还能有什么？

当然，我并不是说，强奸犯就一定要被判终身监禁（和我的很多自由派同人一样，我要极力抵制这个观点）。[35] 我这里只是要指出，对某些肇事者的放任不管和双重标准给某些受害者带来了深深的痛苦。不管我们认为正义是什么（我们的看法可能是对的，也更有可能是错的），有一点很清楚，在绝大多数的强奸案中，正义并没有得到伸张。RAINN（全美反强奸、反虐待和反乱伦网站）提供的数据显示，只有少于 0.6% 的强奸案凶手会被监禁。[36] 这个比例与包括袭击和暴力伤害罪、抢劫罪等在内的类似犯罪类型相比，实在是太低了。[37]

强奸文化还有一个方面常常被忽视，那就是我们所面对的可悲的少年犯问题。值得注意的是，这个问题既不能用监狱系统解决（姑且不论对于其他案件来说监狱是否有效），也不能通过一般的道德责任感解决。这些犯罪者常常年龄太小，至少还无法完全为自己做的坏事承担责任。[38]

罗克珊·盖伊在她令人震惊的自传《饥饿》（*Hunger*）中写到了在少女时期残暴轮奸她的几个少年。"他们还没有成年，但已经知道怎么伤害女人。"几十年来，她没有提过那次被强奸的经历，更别说写下来。最后，在这本书里，她痛苦地回忆道：

> 我记得他们的体味，他们方方的脸，他们压在我身上的死沉死沉的身体，他们的汗臭味，他们四肢惊人的力气。我记得他们很享受的样子，一直在大笑。我记得他们对我充满了鄙视。[39]

现在，在遭受这一创伤之后，作为一个黑人，一个自认为肥胖的女人，她遭遇了各种各样的边缘化，遭遇了来自方方面面充满敌意的沉默。

我在第一章里指出，厌女症是女性由于父权势力而面对的敌意，并不是男人们在内心深处感受到的敌意。考虑到这一点，男孩（通常是青少年）对女孩实施的性侵犯应该算是厌女行为，这是显然的。有人认为，此类案件中的肇事者自身也许在某种意义上也是厌女症和强奸文化的受害者，因为厌女症和强奸文化把有害的行为灌输给那些因为年轻而不懂事理，或者甚至是因为年纪太小根本不知道自己在做什么的人，从而对他们造成精神伤害。即便如此，他们的所作所为仍然属于厌女行为。

这和我们应该从"MeToo"运动中吸取的教训密切相关。这个由塔拉纳·伯克 *领导的运动持续了十多年，从 2017 年 10 月开始，像艾莉莎·米兰诺这样的明星也参与帮助推广。随着一个又一个有权势的男人被曝光为性侵者，我们很可能急于得出结论：人们的态度终于改变了，我们终于严肃对待他们的不当性行为了。但还有一种可能：肇事者们发生了变化。明显的因素是他们变老了，这让人们更容易把他们描述成"肮脏的老男人"——尽管这种说法让一个年龄歧视短语听上去显得更有权威，而不是让人想到一个更可悲的形象。值得注意的是，从晚期资本主义的

---

* Tarana Burke，她是服务于弱势女性的纽约社区的组织者，提出了"#metoo—"［我也是（受害者）］口号。2018 年 4 月，她获得《时代周刊》2018 年全球最具影响力人物的荣誉。

角度来看，和年轻的挣钱者相比，老人也往往更没用了，他们的保质期已经快到了。所以，在有些此类案件中，处理他们比处理年轻的肇事者要容易得多。

但这并不是说性侵者通常到了老年或是中年才为非作歹。通过自陈问卷测量法 * 可以了解到，典型性侵者的第一次犯罪通常发生在青少年时期。[40] 不仅如此，即使是在对未成年人犯下的法定罪行做出必要的特殊处理后（这导致很多案件充满道德复杂性），少年犯在性侵者中占的比例仍然很大——最近的估计显示，这个比例在美国占四分之一到三分之一。这些罪犯绝大多数是男性，和年长的罪犯情况一样。[41]

"MeToo"运动期间成为新闻标题的大多数案件在一定程度上都证明了这一点。目前对凯文·史派西和哈维·韦恩斯坦的指控（分别）可以回溯到 20 世纪 80 年代早期或中期。那时，史派西应该差不多是 24 岁，韦恩斯坦大约 30 岁。现在回过头去看，我们很容易想象他们就是性侵者；我们在年老的他们身上看到了他们的受害者向我们描述的丑陋往事。

然而，当一个女人站出来指控 30 岁的英国演员爱德·维斯特维克在三年前强奸过她时，推特上普遍的态度是：他那么年轻帅气，不可能是性侵者。后来又有两个女人做证指控维斯特维克，但不知道为什么，仍然有很多人觉得这些指控"听上去不是真的"。警察以缺乏充分证据为由撤销了指控。看来维斯特维克的

---

*　self-report measures，指的是任何依靠参与者报告自己的行为、思想或感觉的数据收集方法。这种方法的优点是研究者可以获得不容易观察到的信息，但缺点是参与者的报告可能不准确或不可靠。

年轻俊美和白人血统，以及其他形式的特权最终取得了胜利。他仍然是大家眼里的金童，因此（或者说是因为？），他仍然是好莱坞的摇钱树。

我们已经知道，厌女症不需要以所有女性为目标，它经常针对那些按照父权规范和期望被看作"坏女人"的人，她们的错误行为会受到惩罚，不管这些行为是否真的错误。但对这个问题我们也不能简单化，否则就会有错误的理解，这一点很重要。在我的讨论中有足够的空间承认一个明显的事实，即厌女症几乎可以针对或伤害任何女性，无论她个人有什么符合女性规范的"良好"行为。一部分的原因是，女人常常被作为某个"类型"女性的代表来对待，会因为这个群体的任何错误行为而受到指责或惩罚。另一部分原因是，厌恶女性的攻击行为可能源自各种形式的不满情绪（例如，男人由于受到资本主义剥削而不满）。这种不满可能会发生错位——简单地说，就是他们会去欺负身边那些弱势的人，而这些人经常碰巧都是女性。如果一个女性因为生活在历来都是父权至上的世界里而面临这种错位伤害，在我看来她仍然是厌女症的受害者。在这样的世界里，男人们一直以来都得到社会的许可去"宣泄负面情绪"，而且还将继续拥有这样的权利。最后，值得一提的是，厌女的社会结构所产生的影响也许远远超过了其原来的目的，因此也会惩罚广大女性，远远超出原来打算惩罚的对象或是首选的对象。

不管怎么样，那些公然蔑视父权规范和期望的女性（以及那些只是被认为这样做的女性），发现自己可能会受到厌女症的报复，而我们应该了解她们在哪些方面会遭到报复。厌女症的第一条规则是，你不能抱怨受到这种待遇。

在最为恶劣的例子中，女性会因为成了或声称自己成了厌女症的受害者而受到惩罚。即使有确凿证据可以证明她们的确受到了伤害，她们还是会遭受系统性的怀疑和恶意攻击。[42]例如，2009 年，华盛顿州的一位年轻女子告诉警察，她被人用刀胁迫，遭受了强奸，结果反而是她被罚款 500 美元，理由是她报了假案——但后来事实证明，她报告的案件完全属实。事情到了 2011 年才真相大白，因为那个强奸犯的小腿肚上有个特别清楚的蛋形胎记，他后来被附近地区的另一个受害者指控强奸。[43]

2009 年至 2014 年间，英国有一百多名女性因提出虚假的强奸指控而被起诉，莱拉·易卜拉欣就是其中之一，她因妨碍司法公正而被判处三年徒刑。她对自己被性侵的说法从未改变过，她的母亲和律师都证明，几乎从一开始她就被怀疑了。[44]

2018 年末，澳大利亚演员杰弗里·拉什的案件成为头版新闻。他被舞台剧联合主演埃琳·琼·诺维尔公开指控性骚扰：他把手伸到她的衬衫里，抚摸她的后背，不停地摸来摸去，还给她发"对你的思念超出了社交范围"的短信，里面有流口水（或者也许是喘气）的表情符号。诺维尔还指控拉什在表演《李尔王》最后一幕时触碰了她的胸部。尽管诺维尔提供了性骚扰的确凿证据，她还是没能得到信任。[45]最终杰弗里·拉什得到了近 200 万美元（相当于 290 万澳元）的诽谤赔偿金。[46]

2006 年，七位黑人同性恋女性因为反抗性侵和性骚扰而面临严重的法律后果。袭击她们的男人名叫德韦恩·巴克尔，他想要搭讪，却被断然拒绝，因此恼羞成怒。（其中一个女人试图制止他，对他说："先生，我是同性恋！"）他威胁要"把她们当异性恋强奸"，结果双方打了起来——到底是谁先动手还存在争议。巴克尔后来扯了其中一个女人的头发，还想勒住另一个女人的脖子。在接下来的四分钟打斗中，巴克尔被一把厨房用刀刺伤，不得不送到医院抢救。他向《纽约时报》描述，自己是一个"针对直男的仇恨犯罪的受害者"。同时，那些女人被媒体描写成像"狼群"一样残忍的"女同性恋杀手"。最后，七个女人都被指控重罪，罪名包括聚众斗殴和谋杀未遂。其中有三位最后承认犯了袭击罪，剩下的四位（后来被称为"新泽西四人组"）对控诉提出抗辩，但以失败告终。她们被判三年半到十一年不等的徒刑。[47]她们的支持者认为，她们唯一的罪名就是自我防卫。

我们可以看出，对于男性来说——特别是那些拥有特权的男性，因为厌女行为甚至是强奸行为而被问责，对他们来说常常是例外情况，而非普遍现象。相比之下，对很多女性来说，特别是那些除了性别因素，还受到其他因素（比如种族、阶级、性倾向和身体缺陷）压迫的女性，不仅那些强奸或虐待她们的人常常可以逍遥法外，这些女性自己也许还会因为抗议不公平的现象而受到惩罚。[48]

至于我在本章开始时提到的那个案子，总算有了一个比之前稍微让人高兴——但还绝对谈不上是完全让人高兴的结果。通过民事诉讼，蕾·弗洛赖克最终从兰迪·瓦内特那里获得了5000美元的精神赔偿金。在得知案件审理的结果后，蕾和她的律师与一些朋友在一家热闹的酒吧里庆祝。他们的对话如下：

朋友：干杯！你想要说点什么？

蕾：我讨回了公道。

朋友：你胜利了，耶！

蕾：我讨回了公道！我太高兴了，我太高兴了。我讨回
了超出期望的公道。

　　她称之为"讨回了公道"，而他还在提出抗辩。在庭审之后，
兰迪还在网上发了蕾裸露上身的照片。在明尼苏达州，这种行为
被称为报复性色情，是可以判刑的。[49] 我们拭目以待，看看他会
不会因此受到惩罚。

第四章　强加于人的性

关于男性有权利让女人同意

　　"婊子。"这是克丽丝滕·鲁佩尼安的短篇小说《爱猫人》（"Cat Person"）的最后两个字——是男主人公说的。2017 年末，这篇小说一下子蹿红。[1] 故事生动地描写了一个男人和一个女人之间的性接触：罗伯特，34 岁；玛戈，20 岁。那天晚上发生在他们之间的事是两厢情愿的，这一点非常清楚。但这不意味着发生的事情在伦理上没有问题——不是因为使用了暴力或遭到胁迫，而是一些更加微妙的因素。

　　当然，关于罗伯特，整件事中他有很多地方都为人指摘。至少在我看来，他太老了，不适合和玛戈约会。为了吸引她，他还使用了骗人的小把戏：谎称养了两只猫，假装自己很有爱心。还有就是在玛戈和他分手后，他爆发出那种教科书式的厌女症。他们之间的性本身呢？无比糟糕，让人恶心，压根儿就不该发生。然而，我们很难责怪罗伯特没有意识到玛戈费尽心思要隐瞒的事情：在最初的热情消退之后，她不想和他有进一步的发展。她和他上床，只是为了，或至少主要是为了，不想让罗伯特尴尬。

作为读者，我们真的不知道，如果当时玛戈有礼貌地拒绝，罗伯特会是什么反应（虽然我们可以很容易从他最后对她说的话里猜到，如果她说了实话或者干脆离开会发生什么）。既然我们认为他的反应会很恶劣，这种猜测说明他的性格有一些很严重的问题，但这并不能告诉我们应该怎么评价他的行为。如果参照《纽约时报》专栏作家巴里·韦斯对另一个不同但有些许关联的案件的评论，有些人也许会认为，罗伯特错就错在他没有读心术。[2]

韦斯评论的是在《爱猫人》引起全球关注几个星期后被曝光的一个真实案件，他认为案件中的被告人无罪。一位化名为"格蕾丝"的 23 岁女孩向 Babe 网站的记者爆料，称 34 岁的喜剧演员阿兹·安萨里曾在一个夜晚让她受到严重伤害。[3]但与《爱猫人》中的虚构情节不同的是，格蕾丝屡次推脱，制止正在发生的事情：她想找个托辞，但安萨里无视她的意愿。关于他们之间发生的事情有各种不同的想象——可能是通过胁迫发生的性侵，也可能是不道德但合法的性行为。但如果我们相信格蕾丝的话（至少，我是准备相信的），有一点似乎很清楚，如果安萨里刚开始并没有意识到格蕾丝不愿意和他发生性关系，他至少可以多做点什么确认一下。他很有可能知道她不愿意，至少心里是知道的。[4]如此看来，韦斯对安萨里案件的评论非常不妥，甚至极其虚伪，而且还令人讨厌地表现出对男性施害者的同情。就性行为而言，一个显而易见的道德义务是要主动了解你的性伙伴在内心深处是不是想要这么做。如果真的不确定，还是小心为妙，赶紧收手。

然而，在其他情况下还是会有某种可能性：那种明确而热情的同意（不管那到底是什么意思）只不过是一种表象。这就是《爱猫人》促使我们去想象的。罗伯特的身体，他笨拙的动作，他糟糕的亲吻，还有他在性行为方面自欺欺人的表现，所有这些都让玛戈感到恶心（他自己说"好硬"，而实际上根本不是那么回事）。但她还是决定不管三七二十一对付过去，甚至还因为觉得罗伯特在她年轻性感的身体上得到了极大快感，而设法让自己也获得一些性愉悦。为了达到效果，她表面上充满热情，实际上一点感觉都没有。

这一切，无论是从政治角度还是从审美角度来看，都让人感到极不舒服，但这就是现实。这让人关注到一个现象，有的性爱是在不情愿的情况下发生的，甚至是被逼迫的，但这种逼迫却不是来自某个具体的人。这种压力来自父权社会的规章，以及人们认为男人有权获得性爱的普遍看法，这使得玛戈觉得自己丢下罗伯特会很无礼甚至是错误的。我们可以想象，换一个人会怎么做，他可以正确地对待女性对于性的自主权，可以用体贴又体面的方式来处理这种令人尴尬的后果。即便如此，我们仍然可以想象，出于根深蒂固的社会成规，玛戈不知道还有别的可能，或者是不想让自己显得"骄纵任性"，她还是会有相同的表现。

于是问题来了：为什么我们会把男人可能受到伤害的感受看得如此重要、如此神圣不可侵犯？另一个相关的问题是，为什么我们会认为女人有责任保护和照顾他们的感情？

"臭婊子！"这是一个真实的案例，开始的方式和《爱猫人》的结尾如出一辙：一个男人在推特上发了这句话给喜剧演员萨拉·西尔弗曼——没有说为什么，也没有做进一步的解释。西尔弗曼回应说，她认真看了这个人在推特上发的东西，知道他处于病痛之中：她看到他了，她表示同情，她相信他，诸如此类。她原谅了他，并且愿意为他的康复项目支付费用，来帮助他戒掉对处方类止痛药的依赖。很多人认为这是一个温暖人心的故事——正如很多类似新闻标题中的一个所描述的那样，确实，这是一个"大师级的慈悲之举"[5]。

据我所知，媒体上没有一个人道出一个明显的事实：西尔弗曼无疑是善意的，她按照普遍接受的（而且可以说是有性别歧视的）社会规范行事，但却纵容了这个男人的恶劣行径。可是，她没有因为这么做而受到批评，反而大受赞誉。

情况就是如此：如果女人确实照顾到了男人受伤的感情，她们会得到回报。如果她们没有照顾到他们的感情，就会受到惩罚。

凯特琳·弗拉纳根在《大西洋月刊》上发表文章，题目是《阿兹·安萨里的屈辱》，她为格蕾丝这种"愤怒的年轻女人"所拥有的"短暂力量"感到悲哀——她在该文的副标题里写道，这样的女人突然变得"非常非常危险"。[6]文章开头表达了格蕾丝的故事给她带来的困惑（"你了解这些词汇和句子结构，但所有这些事情都好像发生在外太空，让你看不懂。你已经太老了"）。文章紧接着令人惊讶地转向一个热点话题（"就像最近《纽约客》上的短篇小说《爱猫人》——这篇小说写的是两个主要通过短信认识的男女之间没有感情、令人失望的性关系，小说引起了众多年轻女性的强烈共鸣和兴趣"）。弗拉纳根自己对事件的描述，让我们清楚地看到谁才是她最终的同情对象：她完全支持安萨里，而不是其行为的受害者，虽然弗拉纳根自己也承认，安萨里的行为是"不光彩的"。[7]

> ［晚饭］后几分钟，［格蕾丝］坐在厨房的备餐台上，显然是情愿的，［安萨里］为她口交（读到这里，年纪大一点的读者一定会吃惊地瞪大了眼睛，因为这是昔日"一夜情"里不可能发生的第一步），但根据她的说法，他接下来开始向她施压，要以各种不光彩的方式与她发生性关系。那天夜里的事让她情绪崩溃，最后，她对他说，"你们都他妈的一个德行"，然后哭着离开了。我觉得这句话是这个故事里最重要的：这种事在她身上发生过很多次了。是什么让她相信这一次会不一样呢？

弗拉纳根除了对受害者进行老掉牙的指责外，还对她的话胡乱发挥。在格蕾丝的故事中，没有任何迹象表明，这种情况如弗拉纳根猜测的那样已经在她身上发生过"很多次"了，那句话只是泛泛地表达了格蕾丝对男性认为自己有权得到性爱的各种行为感到失望。

接下来，弗拉纳根建议女性应该采取上一代女性在这种情况下会采取的行动：斥责她这个著名的约会对象"放肆"，扇他一巴掌，然后扬长而去。过去，我们的文化还会为女性提供可以接受的"托辞"来摆脱让她不舒服的性接触，尽管这么做是为了保护她的贞洁，而不是为了保护她的自主权。而现在，我们的文化连这种以错误的理由采取正确行动的做法也不再鼓励。格蕾丝也许和小说中的玛戈有相同的担心：怕因为挫伤了男人的性自尊而被看成是一个无礼的人，甚至是"婊子"。弗拉纳根有一点没说错，缺乏证据证明格蕾丝"手脚僵住，惊恐不已，不知所措"（虽然，如果她真的有这些感觉也是完全可以理解的）。但她找不到可以被社会接受的方法抽身而去。她肯定知道，如果那么做，她就是犯了大忌，这正是弗拉纳根如此生气的原因，她最终还是犯了大忌，虽然是用不同的方式："羞辱"安萨里，给他带来痛苦，攻击他的"好男人"形象。她本应该大步走出安萨里的房间，走入一个认为女人既无能又不负责任的世界，女人之所以获此恶名是因为她让人们注意到男性约会对象真正的既无能又不负责任的行为。她将成为那个被指责的人，而他则很快会被原谅。弗拉纳根这样指责格蕾丝：

> 她和帮她撰稿的人共同创作了一个3000字的色情报复故事。文中毫无同情心的细节描写不是为了佐证她的叙述，而是为了伤害和羞辱安萨里。这两个女人也许已经一起毁掉了安萨里的事业，这种毁掉事业的做法现在已经成为惩罚所有男人不端性行为的通用手法，无论他们的行为是怪诞的，还是令人失望的。

仅仅就在弗拉纳根发表以上这些可怕的文字六个月之后，

网飞（Netflix）的原创内容主管辛迪·霍兰在谈到安萨里的电视剧时说，"我们当然很愿意和安萨里再拍一季《无为大师》*"。[8]随后，该流媒体平台还制作了安萨里的另一部脱口秀特别节目。当然，我们可以猜测，如果是一个白人男性，可能会有更多同情男性施害者的人为他辩护†，并且，他将拥有一条更可靠的公共救赎之路。或者，就像前文提到的针对爱德·维斯特维克的强奸指控一样，指控甚至可能对他没有什么负面影响——他的金童名声基本上毫发未损。

回到无礼这个问题：只是为了避免这个看上去非常微不足道的社会后果，一个女人为什么要采取那样偏激的行为（从本质上来说那么做是完全违背她本人意愿的）？但是我们从社会和道德心理学中知道，事实上，人们往往确实会竭尽全力去避免扰乱某种社会情境（social situation）。在这种社会情境中，他们的行为受到文化脚本的约束——特别是由某种权威人物规定或建议的文化脚本。

20 世纪 60 年代初进行的米尔格拉姆实验可以对上述观点作出最淋漓尽致的揭示。在这个著名的实验中，参与者在实验者的指导下对一个看上去很无辜的人进行一系列不断升级的电击[9]（这个人其实是实验者的合作者，是一个训练有素的演员）。不明真相的参与者见到他，和他握手，大多数人都觉得他很可爱。这是

---

* *Master of None*，美国喜剧电视剧。2018 年 1 月，阿兹·安萨里凭借此剧获第 75 届美国电影电视金球奖音乐 / 喜剧类剧集最佳男主角。

† 安萨里是印度裔美国人。

一个被称为"体罚对于记忆的效用"的实验，实验者让参与者试着体验了 45 伏电击是什么感觉，这样他们就会大致有个概念，知道如果受试者对他们的提示给出了错误答案会得到什么惩罚。尽管参与者都意识到他们会给这个"学习者"造成什么痛苦，三分之二的参与者都继续全程听从实验者的指令，对他们无助的假受害者（他一直答错）进行了一连串不断升级的电击。他们把电压升级到 450 伏，按下上面写有"小心：非常危险"，以及干脆只标有"×××"的按钮。尽管他们听见受试者在呻吟、喊叫、痛苦地尖叫，求他们停止，听见他在敲打墙壁，最后只剩下诡异的沉默，他们仍然没有停下来。更糟的是，那个受试者曾抱怨说自己有心脏病。

这个实验的结果现在已经众所周知。但鲜为人知并且在这种情况下特别值得反思的是，绝大部分参与者显然对自己完成的任务感到发自内心的愧疚。按照米尔格拉姆的说法，即使是在进行实验的时候，"他们并不赞成自己正在做的事"。[10] 他们绝非对自己造成的痛苦无动于衷，也没有以机械死板的"奉命行事"的心态操作设备，大多数人都抗议过，试图摆脱当时的困境。在最近一项涉及 117 名实验参与者的音频分析中，98% 的人在实验的某个时间点说过"我不想"或"我不能"之类的话。[11] 但大多数人还是在实验者的提示下被说服了，继续实验。那些完成任务的人一边实验，一边以各种形式表现出压力：浑身出汗，一支接一支地抽烟，忍不住地哭泣；有一个人还像念经一样自言自语。

这个念经一样自言自语的人说的话很耐人寻味："我得继续下去；我得继续下去。"[12] 这证明了米尔格拉姆在《对权威的服从》

（*Obedience to Authority*）一书中详细论证的观点：参与者受制于一种虚假但强烈的道德义务感去遵守实验者的命令。[13] 这并不是说人们在当时失去了道德良知，而是很容易被灌输一种错误但高于一切而且与自己原先的想法相冲突的责任感，使得他们去服从一个以实验者形象出现的临时权威人物（在这个实验中，是一个穿着白大褂、自称是耶鲁大学科学家的人）。[14] 实验参与者从未见过这个人，他以后也不会在他们生活中扮演任何可预见的角色。他们做这些事只得到了 4 美元的报酬（加上 50 美分的车费）。然而，大多数参与者还是把遵从他的意愿看作他应得的权利。当参与者提出异议并试图叫停实验时，实验者会按以下顺序发出提示语：

请继续。

这个实验需要你继续下去。

你要继续下去，这很必要。

以及，作为最后的一招：

你没有选择，你必须继续。[15]

有趣的是，最后一句带有最明显的胁迫性的提示语，似乎也是最没有效果的。每个听到这句提示语的实验参与者都选择了离开。[16]

这些实验揭示了社会脚本的力量，尤其是当权威人士参与其中时——要想摆脱这些社会脚本，就得毫不客气地抗拒这个权威人物。[17]这类情况可以使完全正常的普通人对无辜的受害者施以酷刑，哪怕会受到最强烈的良心谴责。米尔格拉姆实验能告诉我们的不仅是在这种情况下人们会对别人做什么，而且还能告诉我们，在这种情况下，他们会身不由己地做什么。

在两分钟的时间里，哈维·韦恩斯坦对 24 岁的女模特安布拉·古铁雷斯说了 11 次"求你了"。这是一段秘密录制的音频，2017 年底被公开，这导致了韦恩斯坦的彻底倒台。[18]在录音的前一天，65 岁的韦恩斯坦摸了她的胸——这让她决定报警，并同意在他们下一次见面的时候戴上窃听器。他执意要她去他的宾馆房间，一开始他的语气明显带有胁迫性。（韦恩斯坦："我现在告诉你，你给我马上进来。"然后，过了一会儿："你现在必须进来。""不。"古铁雷斯马上就很坚决地回答，但还是听得出来有点为难。）接下来，韦恩斯坦突然狡猾地换了语气，变成了像米尔格拉姆实验中第一种提示语那样的措辞。（他接下来说的是"求你了"。）随着他重复这个"求你了"（比如，"过来吧，求你了"），古铁雷斯越来越难以坚持拒绝了——因为再拒绝就越来越不能为社会接受了。这就是韦恩斯坦看上去很温和但实际很冷酷的施压。显然，他不仅对古铁雷斯越来越强烈的痛苦无动于衷，事实上他希望造成这种痛苦，使她屈服于他。确切地说，并不是说古铁雷斯的"不"对于韦恩斯坦来说意味着"好的"，而是说她的"不"毫无意义——听到这个"不"只会让他继续要求，继续催逼，继续纠缠。他反复提醒她，他很了不起（"我是个名人"）；反复提醒她，她在违反某种社会脚本（"你这么做让我难堪"）；她拒绝听从指挥；她难以共事。

韦恩斯坦有强大的人设——即使是在他的行业权力之外，他也能用它达到任何目的，让他的很多目标轻易成为他的猎物。这样的人很容易让一个比他地位低的女性产生一种错误的义务感，还有（通常是有理由的）恐惧，使她们无法抗拒他的建议。她甚至可能会被说服，积极参与到他对她身体的性控制中：她不愿意和他有性关系，但却更不愿意继续对他说"不"。所以，她可能最终还是和他发生了她不想要的性行为，不是为了让自己得到什么好处，也不是为了性本身——全然不是。她这么做是为了避免社会规范要求她必须规避的后果。

韦恩斯坦把另一个目标埃玛·德·科内引诱到他的宾馆房间，并沿用了他的惯用伎俩。他洗完澡出来后让她和自己躺在床上，她直截了当地拒绝了。他吓了一跳。"我们什么都没做！"她记得他这么说。他试图说服她，说这个场景很浪漫。他说："这就像迪士尼电影一样！"（另一个受害者称他的骗局是"糟糕的童话故事"。）德·科内用尽了全身力气："我看着他说——我鼓起最大的勇气说：'我一直很讨厌迪士尼电影。'然后我就离开了，砰的一声把门关上。"尽管如此，她还是心神不宁，浑身颤抖，惊恐万分。[19]

能够行使这种权力的并不只是那些拥有超级特权的男人。这样的事情每天都会发生，婚姻里也会存在。在最近发表于沃克斯（Vox）网站的一篇文章里，一名女性描写了她自己"心灵最深处最阴暗的事实"，这是她在结婚很多年后最终在婚姻咨询时才透露的：在八年的婚姻中，她感觉自己被丈夫性侵了。[20] "这种我不想要的性时常让我感到恶心，"她说，"有一次，我不得不直接从床上跑到卫生间里，对着马桶吐了起来。"可是，在那次咨询之后的 15 年里，她仍然很难承认这些糟糕的现实。她不敢告诉丈夫她不想和他有性行为，不敢拒绝他，甚至自己也不敢承认这发生的一切。于是，她写道，"我尽可能讨价还价，找借口不和他睡在一起。我甚至因为生病可以名正言顺地拒绝他而高兴"，虽然"理智告诉我，我有权拒绝"。实在没办法拒绝的时候，她就让丈夫一个人在她身上忙活，她自己看书分散注意力。她拒绝他的亲吻。"我和他讲好：你可以干我，但不能亲我，而且我不需要假装我愿意。他接受了。"她继续写道：

> 这个人知道我不愿意，这个人知道我为我们之间缺乏情感交流而深深痛苦，这个人知道我觉得这是对我的侵犯——我很清楚地告诉过他，而我还要接受他的性要求，这让我非常伤心。他在我不想要的性里仍然可以得到享受，仍然感觉得到了情感上的满足，知道这一点让我对婚姻失去了信心。我觉得自己就是个性玩偶。我觉得失去了自我。
>
> 但我还是会自责。

直到"MeToo"运动期间她才开始考虑这个问题，那时她早已离开了她的丈夫。她写道：

在那么多其他人的故事里，女性在性关系中受到羞辱、胁迫和霸凌，我看到了她们的愤怒……我在想：我的丈夫听到我说的话［关于被他性侵的话］——哪怕是一次，哪怕我说得小心翼翼，他那天晚上怎么还能睡得安稳，甚至还要继续坚持和我上床？

我的答案，当然是所谓的应得权利。但这个故事让我们知道，让一个女人去抵制这种在她心里已经内化的男人对性爱的权利是多么困难。"如果你行使权利的代价是让别人痛苦，你怎么还能够继续？"这个作者问道。在写这本书的时候，我还没有真正的答案。

最让人意外的是什么？这篇文章的作者虽然一直没有透露姓名，但我们知道她是一位经常讲授女性主义理论的人文学科教授。然而，她坦白说："我读的所有这些女性主义文本都不能让我摆脱社会和大众文化灌输给我的观念——不管我自己的感觉如何，让丈夫满意是我的义务。"

除了担心面对可怕的社会后果——从职业报复到婚姻关系疏远，女性可能会承受因为拒绝男人带来的强烈负罪感和羞耻感，因为男人们觉得他们不仅有权得到性爱，而且还有权得到她积极的同意和参与。

这么看来，凯特琳·弗拉纳根为阿兹·安萨里所受的屈辱感到担忧可谓是黑白颠倒了，她的担忧很奇怪（但很典型）。在这种事情发生后，感到羞耻和屈辱的往往是那个违背男人意愿的女人，而且那些痛苦的感情也许会让她们保持沉默。[21]

演员萨尔玛·海耶克在《纽约时报》上发表的那篇写哈维·韦恩斯坦的文章说的就是这样的故事。在那篇引起广泛关注的文章里，她打破长久的沉默，曝光了他对她的虐待。[22] 韦恩斯坦先是让海耶克觉得她可以实现自己的创作梦想，有一天会出人头地，然后，当她没有满足他的要求时，就开始残酷地报复，对她进行各种打击。特别是在她拒绝了他的性要求，在很多情况下对他说了"不"之后，他就开始了各种虐待——贬低她，威胁要杀掉她。他的性胁迫只是他武器库里的一种。[23]

据海耶克描述，由于没有为韦恩斯坦扮演一个足够性感的弗里达·卡罗 *，她惹恼了这位著名制片人。在受到挫败后，他爆发了：他孤立她，羞辱她，逼着她表演让她的身体产生极度不适的裸体性爱场景。她写道，想到他的眼睛正看着自己裸露的身体，她惊恐不安，止不住地呕吐和哭泣，感受到了一种发自肺腑的羞耻——这种羞耻感正是这一类男人经常用来对付女人的武器。

但是，话又说回来，并不仅仅是像韦恩斯坦这样有权有势的人才能这样做（这么说并不是否认有权有势的人更有影响力）。还有一些人认为自己有权利得到一些东西，却因为整个生活或特别是因为女人对他们的反应而感到愤愤不平、灰心失望。克丽丝滕·鲁佩尼安小说里的罗伯特就是这样的例子，他是一个有点崩溃而且很容易受伤的人。另一个例子是 HBO 电视网播出的《都

---

*　Frida Kahlo（1907—1954），著名的墨西哥画家。2002 年，米拉麦克斯影业公司
　　（Miramax）发行了以弗里达为主角的同名电影，由墨西哥演员萨尔玛·海耶克扮演。

市女孩》（*Girls*）中的人物查克·帕尔默。[24] 在 2017 年初播出的《美国婊子》那一集中，汉娜·霍瓦特去了这位著名中年作家的公寓。帕尔默被指控在各地大学做讲座和上研修课期间，利用自己的学术地位和本科生上床。这种性关系是否两厢情愿并不十分清楚，这一点正是争议的一部分。在这一文化背景下，同意让他这样的男人得到他想要的性爱是天经地义的，至于那些在伦理上他们可能需要负责的事情，根本就不需要问女人同意不同意。[25] 确实，两厢情愿还是未经同意的区分已经成为合法性行为和违法性行为的界限，即使不是有意做此区分，也算是默认如此了。但对合乎道德的性而言，仅仅不犯法是不够的，这一点在人类生活和道德行为的大多数领域都一样。例如，要想做一个诚实的人，仅仅做到不欺诈、不入室抢劫或不盗窃是远远不够的。

在剧中，汉娜（由《都市女孩》的创作者莉娜·邓纳姆扮演）自己也是个作家，27 岁，比帕尔默年轻很多，还没有成名。汉娜为一个不知名的女性主义网站写了一篇有关帕尔默的轻率行为的文章——他就是这么看待自己的行为的。虽然帕尔默有年龄和职业地位上的优势，他还是认为自己成了汉娜的受害者，也受到了年轻女性群体力量的高度伤害。她们现在获得了权力，能够把他的性剥削作为一种剥削形式揭露出来。他邀请汉娜到他位于曼哈顿的奢华高雅的家中，目的非常明确：作为一个被社会遗弃的人，他深受焦虑折磨，他要告诉她另一个版本的故事。

"不是强奸，不完全是，但确实她是不情愿的，非常不情愿"——这也是 J.M. 库切的小说《耻》（*Disgrace*）中，52 岁的教授戴维·卢里对自己和20岁的学生梅拉妮之间的性关系的描述。"她好像已经决定放松下来，在整个过程中她的心已经死了，就像一只被狐狸的利爪抓住脖子的兔子。"[26] 梅拉妮还帮了他一下，她甚至抬起屁股好让戴维给她脱衣服，但并非是情愿的。那天下午，当戴维来敲她的门时，她穿着拖鞋，吓了一跳，她被扔进了一个男人的性欲望高于伦理道德的文化脚本之中。

梅拉妮本应该态度强硬，坚决拒绝戴维。可是，当时梅拉妮没有抗拒，她措手不及，完全吓傻了。后来，戴维因为不端性行为与毫无悔改之意的态度，很快名誉扫地，被迫从大学辞职。

梅拉妮的反应使得这次性侵犯不完全是强奸，但在道德层面上却让人更觉恶心，即使戴维本人也觉得恶心。在离开梅拉妮的公寓后，他趴在汽车方向盘上，满心沮丧和羞愧。他知道，如果她对他的袭击有所防备，这也许就是强奸。更准确地说，如果梅拉妮多一点行动力，多一点有权拒绝他的意识，她很有可能反抗。这一点戴维是知道的，他显然是侥幸占了便宜（这是一个过时的表达，但在这里确实如此）。

事实上，他到的时候，"没有什么能够阻止他"，她根本没想办法阻止他。"她只是躲避着，不让他亲吻嘴唇，不去看他的眼睛。"她转过身去脱衣服。"这样的话，他对她做的事情就好像是在远处发生的，与她无关。"[27] 他就这样得到了想要的东西：他达到了性高潮，他复活了。

后来，梅拉妮突然来到戴维家，问他自己是否能住在那里。在那短暂的时间里，她表现出一种热情，想要在他的生活中扮演一个角色，仿佛要改写那一次在她公寓里发生的丑陋和暴力。"但就算他们在一起，如果他们在一起，他也是那个说了算的人，她只能顺从。千万不要忘记这一点。"他这么告诉自己。[28] 他的话毫无诚意。

在这个米尔格拉姆式的性实验里，在这种对相关领域社会公认的权威人物的顺从中，完全没有情愿不情愿这回事——这也不仅仅局限于性。最明显的是,这种情况延伸到其他形式的虐待，可能是和性有关的，也可能是和性无关的，但不管怎么样，都是一种专横的占有。在英语老师莱斯基先生对自己过分亲密地动手动脚（我又用了一个过时的词，但这个词实在是意味深长）时，11 岁的汉娜·霍瓦特和梅拉妮的被动反应是一样的。汉娜说她并不介意，甚至喜欢他那么做：只是他选择了错误的理由、错误的时间和错误的方式,和亚里士多德著名的说法正好相反 *。她对查克·帕尔默回忆说：

> 他喜欢我，我给他留下了很深的印象。我完成了特别的创意写作：写了一篇像小说那样的东西。有时候，他在对着班上的学生讲课时会站在我身后，摸摸我的脖子。有时候他会摸我的头,摸我的头发。我不介意,这让我觉得自己很特别，觉得有人注意到了我，他们知道我会长大，会非常非常与众不同……总之，去年在布希维克的一个仓库派对上，有个人

---

* 亚里士多德在伦理学著作《尼各马可伦理学》中的表达是："正确的理由、正确的时间和正确的方式。"

走过来，对我说："[汉娜]霍瓦特，我们一起上的中学，在东兰辛！"我说："哦，我的天哪，你还记得莱斯基先生的课吗？太可怕了，他简直就是在骚扰我。"你知道那个小子怎么说？他像法官一样看着我说："汉娜，这可是很重的指控。"说完他就走开了。

现在，我们来看看戴维在听到梅拉妮后来的指控时的反应——他慢条斯理，带着评判的眼光，不仅心怀戒备，还有深深的蔑视，非常傲慢：

> 侮辱：他一直在等着有人说这个词，用因为正义而气得发抖的声音说出来。她看着他的时候看到了什么，能让她气成这个样子？是一群可怜无助的小鱼中的一条大鲨鱼？或者她看到的是另一幅画面：一个身材高大、骨骼粗壮的男人压在一个小女孩的身上，用一只大手堵住她的嘴不让她哭喊？真是荒唐！他想起来了：昨天他们也坐在这同一个房间里……梅拉妮的身高还没到他的肩膀。不平等：他怎么能否认这一点呢？[29]

戴维怎么能否认他们之间的权力不平等呢？但他最后肯定这一点的依据竟然是——身高，这真是牛头不对马嘴，令人气愤。相关的不平等现象是父权文化的产物，那些抵制和挑战男性权威人物的意志的女性，将会受到威胁和惩罚。这样一来，就出现了厌女症内化后的一种特殊方式：女人经常因为没有保护那些恶意对待我们的男人而感到羞耻和内疚。"我们不想伤害他们，不想让他们失望，我们想做个好女人。"

在之前提到的《都市女孩》中，查克·帕尔默很快就让汉娜迷上了他，放下了戒备。他们站在那里聊天，她从书架上抽出一本书：菲利普·罗斯*写的《当她是个好女人的时候》(*When She was Good*)†。汉娜说她喜欢这本小说，喜欢罗斯，虽然他有厌女情结。汉娜告诉帕尔默，这本书还有一个名字，叫"美国婊子"。他当场给了她这本书的签名本：作为她不是美国婊子的一个小小奖励。

在下一个场景中，帕尔默躺在床上，让汉娜躺在他边上。他说，他只是想身边有个人，他一直睡不好，他很孤独。他背对着她躺着，他俩都穿着衣服。突然，在没有得到许可的情况下，他转过身去，没有解开牛仔裤就开始把已经半勃起的阴茎在她大腿上蹭。他期待着——汉娜本能地把手伸过去帮他手淫。然后她跳了起来，叫道："我摸了你的阴茎！"她重复了好几遍，感到极度羞辱。

看着汉娜站在那里大叫，查克·帕尔默嘲讽地咧着嘴笑，甚至带着施虐的快感。他赢了，他知道他赢了。她为质问他的

---

* Philip Roth，美国作家，曾多次被提名诺贝尔文学奖，并获得美国国家图书奖、福克纳小说奖、普利策文学奖等重要奖项。

† 这部小说中的女主人公露西出生在一个父亲无法承担责任的家庭。精神上十分孤独的露西在长大之后，热切盼望自己能够找到一个愿意负责任的男人。她认识了罗伊，在被罗伊诱奸之后，两个人结婚。但是，她很快发现，罗伊和她父亲一样没有责任感，她走上了和逆来顺受的母亲一样的人生道路。

性侵行为而来。他向她展示了他是如何做到的，同时还侵犯了她，他得到了他想要的东西；而她却被摧毁了，她感到恶心，深受伤害。

第五章　没有医疗资格

关于女性有获得医疗的权利

特雷西·麦克米伦·科顿姆是一名社会学家和作家，在怀孕四个月时，她有些出血。当时她在工作，在规定的时间内完成了写作任务后，她打电话给丈夫，让他过来接她。她冷静地评论道："如果你是一个黑人女性，你的身体对于职场政治来说已经是个麻烦了，如果你的身体还出血、肿胀，那更是雪上加霜。"[1]

麦克米伦·科顿姆去了产科，她解释说，她是"根据选择好学校或应该去哪个 TJ Maxx*简单的文化地理学做的选择：如果是在白人的富人区，那一定是好的"。[2]但事实并非如此——至少对她而言并非如此，因为她是一位黑人女性。

虽然麦克米伦·科顿姆已经事先打电话把自己的情况告诉了诊室的工作人员，她还是在那里等了很久都无人问津，以至到

---

*　TJ Maxx 是美国一家专门卖低价打折产品的零售公司。

后来她出的血已经从等候室的椅子上滴下来。当她丈夫问护士能否让她在一个更加私密的地方等待时，护士"看到那椅子，表情十分惊恐"。等到医生终于有空过来看她时，"给出的解释是，可能就是因为她太胖了，这种出血是正常的"。[3] 他让她回家。

那天晚上，麦克米伦·科顿姆的痛感加剧，"就在臀部肌肉后面，靠外侧的位置"。她尝试走路、做伸展动作、打电话给她妈妈，最后还是打给了护士。护士说这种疼痛是便秘造成的。[4]

接下来的三天，麦克米伦的疼痛还在继续。在差不多 70 小时的时间里，她每次睡着的时间不超过 15 分钟。到医院后，他们责备她可能吃了什么"不好的"东西，并且很不情愿地同意给她做个超声波检查，结果发现，麦克米伦·科顿姆一直处于产前阵痛之中——但她的痛没有引起重视，因为是在"错误的"位置。她写道：

> 超声波图像上显示有三个胎儿，而我只怀了一个孩子。另外两个是肿瘤，比胎儿还要大，绝对不是我吃的什么东西。医生转过身对我说："你要是能熬过今晚不早产，那可就奇怪了。"说完他就走了，我被送到产科病房。后来，一个上夜班的护士说我已经产前阵痛三天了，她责备道："你应该早点说的。"[5]

可麦克米伦·科顿姆受的折磨还远远没有结束：医生不给她止痛药，因为她的痛还没有严重到可以用麻醉药的地步。她被推到分娩室后，时而有意识，时而失去意识。事实上，她实在太痛了，有一会儿她醒过来，疼得忍不住爆了粗口，当班的护士却让她注意用语文明。等到麻醉师终于来给她打她要求的无痛分娩针时，他的反应不是同情，连职业性的冷淡态度都谈不上。麦克米伦写道："他瞪着我，说如果我不安静下来他就马上离开，我就得不到任何止痛药了。"然后：

> 就在我的宫缩达到高潮的时候，针头刺穿了我的脊柱，我拼命保持安静，一动也不敢动，否则他就会把我丢在那里离开。注射 30 秒后，头还没有碰到枕头，我就晕死过去了。[6]

麦克米伦·科顿姆生下了她的女儿，但孩子已经基本上没有呼吸了。医生告诉她，孩子出生的时间比医院能够医疗介入的时间早了四天。孩子没过多久就死了。麦克米伦·科顿姆抱着女儿，问护士该怎么处理孩子的尸体。护士转过身对她说："你知道，我们也无能为力，因为你没有告诉我们你已经临产了。"[7]

根据最新的估计，美国的黑人女性因为怀孕或分娩而造成死亡的比率是白人女性的三到四倍。[8]黑人女性惊人的孕产妇死亡率并不能仅仅用相对的贫穷来解释。[9]由于麦克米伦·科顿姆和琳达·维拉罗萨*等作者的学术工作，这一问题终于开始在白人自由派的圈子里得到讨论。[10]网球巨星塞雷娜·威廉姆斯的可

---

* Linda Villarosa，纽约城市学院新闻项目导师，也是杂志撰稿人，她关于黑人婴儿和孕产妇死亡率的专题报道曾入围美国国家杂志奖。

怕经历也起了一定作用——她在生孩子的时候，医务人员没有理会她关于自己有血栓病史的说法，至少是不太重视，让她险些丧命。[11] 当然，这种认识的提高是有益的，而且早该如此，但这也应该扩展到孕产妇保健之外的范围。麦克米伦·科顿姆在《渴望获得医疗资格》（"Dying to Be Competent"）一文中叙述和分析了前文提及的经历，深刻地揭示了黑人女性（无论是否怀孕）在医疗保健方面遭受了多么普遍而且严重的失约。麦克米伦·科顿姆写道：

> 我从医疗保健这个系统中被排除了，因为他们认为我没有资格获得医疗服务……医疗机构认为我没有资格获得医疗服务，所以他们会忽略我、无视我，直到最后我真的失去了资格。疼痛让人无法理性地思考，它会改变你对现实的所有看法……整个医疗界都否认黑人女性会感觉到疼痛，对我们的疼痛诊断不足，拒绝减轻或治疗我们的疼痛，当他们这么做时，是因为他们把我们标记成了这个系统中没有资格的一群人。[12]

反过来当然也是一样的：如果一个人被标记为没有资格，那么这个人的疼痛就不会得到应有的重视。女性，特别是黑人女性，经常会遇到这样一些医生，他们认为女人容易歇斯底里，因此会抱着怀疑的态度治疗她们的病痛。

在《哭着喊痛的女孩》（"The Girl Who Cried Pain"）一文中，医疗研究者黛安娜·E.霍夫曼和安妮塔·J.塔齐安深入探讨了有关疼痛体验和治疗上存在性别差异的研究文献，这篇论文的研究具有突破性，被广为引用。针对几个会产生疼痛的过程——包括腹部手术、冠状动脉旁路移植和阑尾切除术，她们的研究发现，男性比女性得到更多的止痛药物治疗（有时候是出于体重的考量，这是正确的）。在阑尾切除术中，女性往往会被注射镇静剂而不是止痛剂。在一项研究中，某个疼痛门诊给女病人开了"比男病人更多的弱安定剂、抗抑郁剂和非阿片类止痛剂。男病人则比女病人得到更多阿片类药物"[13]。这种倾向不只是限于成年病人。对于手术后自诉有疼痛感的男孩和女孩，医生会给男孩开可待因，而给女孩开醋氨酚（美国市场上的一种温和型非处方止痛药，类似于泰诺）。[14]

上面的治疗手段忽视了霍夫曼和塔齐安详细讨论过的一个事实：一些证据表明，在受到相同有害刺激的情况下，女性可能比男性略微多地感受到疼痛（有一个标准的测试是把手浸在冰冷刺骨的水里），因此照理应该得到更加积极的疼痛治疗。还有很多非常痛苦的自身免疫疾病和妇科疾病，分别来看，这两类情况的患者中多数或绝大多数人都是女性（针对妇科疾病，还有一些跨性别的病人和非二元性别的病人）。所以，正如霍夫曼和塔齐安所写的：

> 既然女性会更频繁地体验疼痛，对疼痛更加敏感……正确的做法是让她们得到至少和男人一样彻底的治疗，她们关于疼痛的描述应该得到认真对待。然而事实并非如此。女性在述说疼痛、寻求帮助时，得不到和男性相同的重视，她们

的病痛不太可能得到充分的治疗。[15]

不仅如此，这两位研究者提到，在医学文献中，女性常常被描写为"歇斯底里、情绪化"，这使得医生更多地把她们的疾病诊断为由心理原因引发，认为她们容易情绪波动。因此，有慢性疼痛的女性患者与相同情况下的男性患者相比，更可能被诊断为"表演型障碍"（histrionic disorder，特点是"过度"情绪化，渴望得到关注）。[16]

霍夫曼和塔齐安的这篇具有里程碑意义的论文发表于2001年，也许有人认为在过去的这些年里情况已经改善。可是，2018年，安科·萨姆洛维茨及其合著者对近年来相关研究（发表于2001年至2015年间）所做的调查让这个美好愿望破灭了，她们发现：

> 与男性相比，女性得到的缓解疼痛的有效治疗及阿片类止痛药越来越少，而更多的是抗抑郁药和转到精神科的建议……女性关于疼痛的描述更加不受重视，她们的疼痛被归结于精神原因，或者压根儿不存在，她们得到的治疗没有男性得到的治疗那么充分。[17]

所以，两位作者总结说："研究回顾显示了［医疗］过程中及开处方药时的性别歧视。这些研究中的男女患者得到的不同治疗方法，并不能以不同的医疗需要来解释。"[18]

萨姆洛维茨和她的同事们发现了一个特别的现象，医生不愿意相信女患者描述的没有明显生理标记病症的疼痛，例如纤维肌痛（多见于女性）。[19]总的来说，涉及这些病症时，"女性关于就医经历的叙述表明……在就医过程中，要让医生重视、相信和理解自己的病痛是一件多么困难的事"。[20]一般来说，"有疼痛症状的女性会被视为歇斯底里、情绪化、爱抱怨，她们并不想改善身体状况，只是装病，想象并捏造疼痛症状。其他研究显示，有慢性疼痛症状的女性……她们的疼痛被诊断为心理原因而不是生理原因"。相比之下，"男性被描述为有忍耐力，他们能忍痛，否认有疼痛感……不仅如此，男性还被描写成善于自律、能控制情绪、不愿求医问药、不愿意谈论自己的病痛"。[21]

正如我们已经看到的，事实上有证据表明，在受到相同有害刺激的情况下，一般来说，女性可能比男性感觉到更多的疼痛感。但这并不涉及男性是否比女性更加坚忍的问题——也就是说，他们是否只是更能"忍受"同等程度的疼痛。如果有充分的证据，那么医疗服务提供者就有理由相信，如果一个男人说自己很痛，那么他一定是真的很痛——或者说，确实是非常非常痛，远远超过他自己所描述的程度。

但是，尽管很多人都认为男性比较坚忍，认为他们不愿谈论疼痛，但这似乎并没有得到有说服力的实证支持。的确，有些研究表明，女性通常比男性更频繁地咨询医生，尤其是在生殖高峰年龄段。但是，正如我们在这里指出的，女性也许有更多的理由去咨询——例如，在怀孕期间。因此，正如研究者凯特·亨特和她的同事们所指出的那样，我们还很难认定，女性会因为完全相同的疼痛状况比男性更多地寻求咨询。他们的论文希望通过比较男性和女性咨询头痛和背痛的频率来回答这个问题。他们发现，认为女性比男性更频繁咨询背痛的证据"不够充分且相互矛盾"，认为女性比男性更频繁咨询头痛的证据"稍稍充分些……但绝非完全一致"。[22]

亨特和她的合著者承认，有几个质性研究确实表明，男性通常会说不愿意去寻求医生帮助。但是，研究者进一步指出，这些研究大多数都不是比较研究：它们并不能说明男性比女性更不愿意寻求医生帮助。[23] 尽管缺乏足够证据，"很多人仍然有一个危险的倾向，他们会认为（经常不会明说），如果男性公开表达不愿意就医是他们表达男子气概的重要方式，那么这就必然意味着女性不会不愿意就医"。[24] 但女性也许确实会不愿意就医，原因可能和男性不一样（比如，担心得不到重视，而不是害怕承认自己的软弱）。所以，正如亨特和她的合著者所言，为了减少不公正现象长期存在的风险，"应该从经验上对认为女性比男性更愿意就医的普遍假设进行质疑、核实和反驳，或者加以改进"。他们指出：

> 如果男人"过少使用"医疗保健系统被认为是一个社会问题，那么人们就会强化一个形成对比的假设，认为女人"过度使用"医疗保健，动不动就去看医生，有时候只是出于一些可以自愈的或可以自己处理的轻微症状。这种假设是非常有害的。[25]

不仅如此：

有一个假设没有遭到质疑，反而被广泛接受，那就是，认为女性更喜欢向医生咨询所有的症状或病情，而男性更不愿意问诊或者会拖延问诊。这种假设造成的结果是，医疗服务提供者会认为，在女性患者决定来看病之前，她们的症状会更轻一些。[26]

换句话说，从另一个角度看，如果认为男性具有忍耐力，相对应的看法就是，认为女性更容易为一些比较轻微的症状寻医问诊。在这种情况下，这种假设只不过是普遍性别歧视现象的又一个表现。

早在社会化可能会让男孩不愿表达自己的疼痛之前，人们就已经对男性因为疼痛发出的哭喊声更加重视，这进一步证明了我们之前的假设。两个最新研究显示，面对大声哭叫的婴儿的影像片段（穿着中性颜色的衣服），当被告知这个婴儿是男孩而不是女孩时，人们往往会认为这个婴儿正经受更多的疼痛感。[27]研究者指出，实验参与者虽然没有明说，但相信"男孩更加坚忍"，"女孩更情绪化"，这可以很好地解释实验结果。[28]但请注意，在这个案例中，这个说法本身其实就是不合理的，因为这里的性别差异应该是天生的，而不是教育的结果——不仅如此，还得相信男孩必定天生从婴儿期就比女孩更加有节制地表达疼痛感。[29]即便真的如此，我们也还没有充分的证据证明这是真的。这表明，文献中认为男孩的喊痛声代表了更剧烈的疼痛感的倾向，只能反映出性别歧视的存在。

总而言之，和认为男性比女性更能忍受疼痛的预设相比，能证明这一预设的证据就要弱得多，而且从某种意义上来说，这一点都不意外。在一个男性总是比女性拥有更多特权的社会里，这个没有依据的预设可以发挥重要的社会功能。尤其是在这一案例中，我们应该问一问：我们真的因为认为男性更加坚忍就更加重视男性的疼痛吗？或者，至少是在一些情况下，是因为我们更加重视他们的疼痛才会认为他们更加坚忍？后一个假设也可以得到证据支持：女性如果身体疼痛，和男性相比，她们更加可能继续做家务活，承担家庭义务。确实，正如研究者最近观察到的，"对于家庭、工作、家务、自己的疼痛和健康负有过多责任，这似乎会阻碍有病痛的女性恢复健康"。[30]

　　上面的讨论并不否认有些男人异常坚忍，但也有异常坚忍的女人。不仅如此，男人们大多在某些情况下表现出自己的坚忍——例如，在其他男性面前，或者是在一些高度男性化的竞争环境中。在女人和其他照顾他们的人面前，情况也许就完全不同了。

　　不管是不是真的，认为男性更加坚忍的普遍预设意味着他们的疼痛自述会得到更多重视——在绝大多数情况下，这种重视是合理的。如果一个有特权的男性自述自己有疼痛感，人们往往会默认他是真的很痛。[31] 因此，他会得到同情和关心，如果提出要求，就会得到医疗护理和治疗。这都是理所应当的。但很多人并没有这么幸运。如果是女性自述有疼痛感，她们很可能会被忽视，上面的研究已经证明了这一点。这种情况也可能会同样发生在非二元性别者，以及很多就种族、身体残疾、性取向、阶级，或者就其他种种社会因素而言没有特权的男性身上。当然，相同情况下，受到各种复杂形式的压迫的女性，与在上述方面享有特权的女性相比，情况往往会糟糕得多。

疼痛因此变成了一个见证沉默的集中场所。这个概念是由哲学家克丽丝蒂·多森提出的，指的是"听者不把说话人作为知情人"。[32] 因为听者怀疑或抨击说话人的能力，说话人最后只能被迫保持沉默。她也许会诉说自己的疼痛，但她因为疼痛发出的哭喊声不会得到重视。正如多森所言，这种沉默经常被强加在美国的黑人女性身上。

类似的沉默发生在以下情况：由于对所在社会群体的成员存在普遍偏见，某个人的话无法得到应有的信任。哲学家米兰达·弗里克称之为"证言不公"*。我们来看一个她引用的最著名的例子，在电影《天才雷普利》（*The Talented Mr. Ripley*）中，玛吉·舍伍德想表示，她怀疑未婚夫迪基·格林利夫可能受到了他的朋友汤姆·雷普利的伤害，她的想法马上遭到迪基的父亲老格林利夫的反对。他对她说："玛吉，有一种东西叫女人的直觉，另一种东西叫事实。"他认为她的话属于前面那个令人沮丧的类型。格林利夫先生把玛吉视为人们常说的那种歇斯底里的女人，认为她的话不可信。在另外一些情况下，女人（及其他少数群体）可能不会被视为歇斯底里或没有资格发言，而是会被看作伪君子或撒谎者。弗里克认为，证言不公的根源在于对某一类人的能力或诚信存在刻板印象。[33]

---

* testimonial injustice，基于对人的身份偏见，不公平地低估其说话的可信度。

上述研究表明，当女人试图证明自己的疼痛时，她们经常被医疗机构基于两个原因忽视——一方面是怀疑她们没有资格而且歇斯底里，另一方面是指责她们是不诚实的装病者。对于那些因为是黑人、同性恋者、跨性别者和 / 或残疾人而被多重边缘化的女性来说，这些不公正的现象往往要严重得多，有时不仅是程度上的差别，而是本质的差别。特雷西·麦克米伦·科顿姆在《渴望获得医疗资格》一文中，通过对比白人女性和她自己作为黑人女性在产科就诊的经历，密切关注了这里层层交织的不公正现象。用黑人酷儿女性主义者莫亚·贝利创造的术语来说，这叫"厌黑女症"，这个术语表达了美国社会中厌女症和反黑人种族主义的交叉。[34]

在这方面，我们也可以来看看拥有多重身份——黑人、残疾者、充当女性角色的女同性恋者——的作家贾丝明·乔伊纳的记述。在七年级参加田径训练时，乔伊纳的左下腹开始出现剧烈的抽痛。"这种感觉就像是同时被灼烧和刺伤——我根本无法呼吸。"她在一篇题为《没有人相信黑人女性的身体疼痛，而这种痛会要我们的命》的文章中回忆了自己的经历。[35]"我一开始跑步，这种痛就会出现，我会疼得跪在那片枯黄的草地上，捂着肚子，拼命喘气。"乔伊纳的教练认为这种腹痛没有大碍，只是痛经而已。尽管疼得厉害而且持续时间很长，乔伊纳还是尽量相信她的话。去看医生时，乔伊纳表达了自己的担忧，因为实在是太疼了，而且不仅仅是来月经的时候会痛，可她的话又一次没有得到重视。（女）医生告诉她，她这是"反应过度，这种痛很正常"。

当疼痛变得更加剧烈时（后来她发现这种痛至少相当于宫

缩的最后阶段），乔伊纳半夜艰难地走到母亲的房间。她的母亲（做了二十多年的护士）只看了女儿一眼，就赶紧把她送到了医院。在医院里，乔伊纳再次被告知她只是痛经。她妈妈花了一个多小时才说服工作人员给女儿做 B 超。在他们很不情愿地做了 B 超后，才发现她的左卵巢上长了一个垒球大小的囊肿，这个囊肿导致她的输卵管扭曲，变成了一个开瓶器的形状。这个给她带来剧痛的囊肿随时可能破裂，引起心脏血栓，让她丧命。幸运的是，在这个关键时刻，急诊手术救了她一命。但乔伊纳还是失去了左卵巢和输卵管——如果她的说法一开始就得到重视，这些损失是可以避免的。[36] 乔伊纳写道，事情还远没有结束，对于她这样一个有残疾的黑人女性来说，这只是一次生动的预演，她在美国医疗系统里还会有更多这样的经历：

> 多年来，我被诊断出患有多种疾病，我既是慢性病患者，又是残疾人，但是每一种病都要花好几年时间才能得到确诊。我这一生从医学界得到的都是否定和怀疑，那些白人医生接受的是充斥着反黑思想的教育，几乎每一次他们都要质疑我身体的病痛，以及我对自己身体的认知。

所以，虽然弗里克的"证言不公"说有助于分析这里的一部分问题，我们可能还是会怀疑这个说法能否充分解释相关的交叉性情况。我们不能不加区分地把麦克米伦·科顿姆或乔伊纳的经历理解为对女性的歧视，作为身处特定社会环境的黑人女性，她们面临的"证言不公"现象很特别，而且格外恶劣。正如乔伊纳所写的：

> 是的，从历史上看，女性一直受到不公平的待遇……她们的疾病不是被诊断为身体或精神上的病症，包括抑郁症和焦虑症，而是经常被诊断为歇斯底里……但是，如果我们忽视黑人女性在美国医疗机构内外所经历的特殊厌女现象，我们就是在抹杀历史，是在抹杀黑人女性的身体每天都在经历痛苦和被轻视的历史。[37]

刻板印象，甚至是关于特定女性群体的刻板印象，能否最恰当地解释证言不公的现象（或者，更准确地说，是具体的证言不公的事例）也是个问题。毕竟，对于许多女性来说，她们的证言在某些与医学密切相关的情况下被忽视的可能性要小得多：例如，当她们为自己照顾的孩子提供健康状况证明时。确实，对于受到她们照顾的人来说，女性经常被认为是极其称职、极其值得信赖的看护者，除非被证明她们不称职、不值得信赖（在这种情况下，她们可能因为没有成为"好女人"而受到严苛且迅速的不当的惩罚）。[38]

为什么在某些情况下人们会很自然地相信女性，而在另一些情况下却不会呢（同样是密切相关的情况）？一个合理的解释是，在这个例子中，女性被视为完全有权利（实际上是有责任）提供护理，但没有要求得到护理的权利。设想一下，她是护士或母亲或"保姆"（这里我们可以援引帕特西娅·希尔·柯林斯*对黑人女性"主导形象"的精彩剖析，她"慈爱体贴、会照顾人"，她"对她的白人孩子和'家庭'的照顾多于对自己的孩子和家庭的照顾"）。如果是涉及她所照料的孩子的健康，她通常至少会像处于她相同位置的男性一样得到信任。但是如果她是身患病痛的病人——要求别人照顾她，而不是她照顾别人，那么人们就会用怀疑的眼光看她，有时候甚至是用惊愕的眼光。人们不会重视她，对她将信将疑，甚至是蔑视。[40]

那么，问题的核心可能并不是那些有关某些女性群体是否可信的刻板印象——因为，正如我们所看到的那样，只有在需要证明在某些情况下（而且只有在某些情况下）女性不值得被重视时，这些刻板印象才会被派上用场。更深层次的问题可能是认为，女人无权为了她们自己要求得到别人的照顾，或者无权因为疼痛（仅仅因为她感到疼痛，仅仅因为这种疼痛很要紧）要求得到别人的照顾。

根据这一分析，只有一种情况除外，那就是，一个女人显然需要照顾别人的时候，并且是出于被认可的工具性原因——例如，帮助她更好地照顾那些被视为更重要的人。这有助于解释在女性保健方面，一些（表面上）积极乐观但（实际上）令人沮丧的地方。对于许多有特权的白人女性而言，美国的产前护理是比较好的——尽管这是为了胎儿的健康，而不是为了母亲的健

---

* Patricia Hill Collins，美国社会学家，她的研究和理论位于种族、性别、阶级、性和国籍的交叉点上。她于 2009 年担任美国社会学协会（ASA）第一百任主席，是第一位当选该职位的非裔美国女性。

康。但在产后护理阶段，却存在明显且本质性的不足，特别是对于有色人种女性来说。安杰拉·加贝斯在《像母亲一样》（*Like a Mother*）一书中对此做了大量描写。对于像加贝斯这样的有色人种女性来说，她们得到的产前护理往往也不能满足需要。同样的情况也发生在很多女同性恋者、酷儿和非二元性别者身上，正如加贝斯所写的那样，她们"知道各种书里讨论的'正常'或'一般'孕妇并不是指我们"。[41]

从这个角度看，对弱势女性缺乏物质关怀和精神关怀绝非偶然。在一个白人至上的环境中，孕育了白人婴儿的白人女性（假设是这样的，事实上，很多时候确实如此）的子宫里有通往快乐王国的钥匙。[42] 相反，有色女性则可能被视为可有可无的人，甚至被视为是对白人至上主义的威胁。因此，麦克米伦·科顿姆和维拉罗萨描写的那些让人不可容忍的医疗差异，以及这些差异造成的悲惨结果，实在是司空见惯了。

前面提到的不公正现象还有其他结构性来源。卡罗琳·克里亚多·佩雷斯在她最近的著作《看不见的女性》（*Invisible Women*）中记录了将男性身体作为默认标准的倾向（这是一个以男性为中心或把男性价值观作为正常价值观的例子），以及这种倾向对女性的健康和福祉所产生的恶劣影响。她写道：

> 大量证据表明，女性在医疗机构的经历令她们失望。那些影响了世界一半人口的身体、症状和疾病被忽视、怀疑甚至彻底无视。[43]

克里亚多·佩雷斯把这些不公平的现象，很大程度归因于"一个仍然普遍存在的观点，即认为人就是指男人。而事实上，男人并不能代表所有人。让我们说得清楚一点，男人只是男人"。[44] 然而：

人们历来认为，除了体形大小和生殖功能外，男女身体没有什么本质的不同。因此，多年来，医学教育一直专注于男性"规范"，把这种规范之外的所有东西作为"非典型"甚至"不正常"。"典型的 70 千克男人"这个提法到处都是，仿佛它包括了男女两个性别（有一位医生告诉我，这个所谓的典型甚至不能很好地代表男性）。当真的提到女性时，她们仿佛被当作标准人类的变种。学生学习生理学，以及女性生理学。[45]

这里需要补充的是，人和人的差别不仅仅是男人和女人的差别，还有男人和男人，女人和女人之间的差别——有时是根本性的差别（例如跨性别女性，这种默认的两性分类对于她们就特别不利）。因此，我们更有理由对把单一的"标准"身体（即顺性别、白人、无残疾的男性）当作典范表示担忧。

除了医学训练方面存在的问题外，对于许多疾病的研究和认识主要是以这种"标准"身体为对象的。[46] 对于这种不平等，人们有时候会以有月经的人每个月的激素分泌存在波动为借口，认为她们"不适合"作为研究对象。但是，就算这不只是男性中心主义的借口，对于这世界上大约一半的人来说，这种说法只是于事无补的安慰，因为她们的身体没有得到充分的研究。生理周期所造成的波动对于某些药物的安全性和有效性到底有没有影响？如果有，我们是不是应该知道？如果没有，那么那些有月经的身体就应该被纳入研究——长期以来被排除在医学研究之外的跨性别者、非二元性别者和双性人等各种不同的身体都应该被纳入研究。

这样的疏忽会给诊断和治疗带来灾难性后果。以心脏再同步化治疗装置（CRFD）为例，这是一种较新的起搏器替代品，可以向心脏的两个下腔提供电脉冲，以帮助它们同步跳动。正如克里亚多·佩雷斯所指出的那样，根据 2014 年美国食品药品监督管理局试验数据库的报告，在该设备试验的参与者中，女性仅占 20% 左右，数据所占比例太小。在试验者把男女参与者的试验结果合并在一起并按性别分类之前，他们没有注意到不同组别之间的需求在统计上有明显差异，也没有以此作为不同治疗的依据。因此，医生对男性和女性的建议最后通常是一样的：只有在心脏需要 150 毫秒或更长时间来完成一个完整的电循环时才应该植入该装置。但是，在试验者进行了更复杂的数据分析后，他们发现这个建议对于女性来说多了 20 毫秒。女性在植入心脏再同步化治疗装置后，130—149 毫秒的电脉冲只能让心力衰竭和死亡的发生概率降低 75% 多一点。因此，根据目前的指导方针，许多有心脏病的女性没有享受到这些设备的好处。[47]

女性的心脏病没有得到合理治疗也根本不是什么新闻。在过去的 30 年里，心血管疾病一直是美国女性最常见的死亡原因。在心脏病发作后，女性比男性更容易死亡——部分原因是女性的症状（胃痛、呼吸困难、恶心和疲劳）经常被忽视，因为这些症状被认为是心脏病的"非典型"症状，而不是表现在女性身上的典型症状。在瑞典，心脏病发作的女性在使用救护车方面的优先权较低，在医院里平均要多等 20 分钟才能接受治疗。[48] 在英国，女性在心脏病发作后被误诊的可能性比男性高出 50%。患心脏病的年轻女性死在医院里的可能性是年轻男性的两倍。然而，英国用于男性冠状动脉疾病的研究经费远远超过女性。[49]

对非男性身体缺乏研究，也会对更多日常医疗问题产生负面影响。几种常见的药物，包括抗抑郁药和抗组胺药，都会出现月经周期效应，也就是说，它们对一个人月经周期的不同阶段会产生不同的影响。由于缺少这方面的研究，我们中的许多人可能会在日常摄入药物时服用错误的剂量。[50]

鉴于这种差异，医学研究者们创造了一个新词，"燕特尔综合征"*，来反映女性可能必须表现典型的男性症状才会得到适当治疗的现象。就算是那些不应以疾病模式来理解，但可能仍然需要诊断、支持和管理的残疾和差异，女性有时还是会处于明显的不利地位。人们普遍认为，男孩自闭症的发病率是女孩的四倍左右，如果女孩得了自闭症，她们受到的影响更显著（也就是说，她们的症状更偏向于非典型神经发育或神经发育多元）。然而，最近的研究表明，女孩的社会化往往会掩盖非典型神经发育的迹象，而这些迹象应该得到认识和合理关注。[51]

---

* Yentl syndrome，名称源于电影《燕特尔》，该剧的女主人公为了接受教育而装扮成男性。

而在消费者安全方面，人们倾向于把享有特权的男性身体默认为标准，这可能会产生广泛的不良后果。当系安全带的女性发生车祸时，她们死亡或受重伤的可能性比男性要高出 73%。这似乎是因为，直到最近，所有的碰撞测试假人都是以顺性别男性为模型的，从而忽视了顺性别男性和女性在典型脂肪分布、骨骼结构等方面有着潜在的重要差异。当"女性"碰撞测试假人最终投入使用后，这些假人却通常比实际生活中的大多数女性更轻、更矮。[52]

最后，那些通常会影响孕妇的医疗问题，往往长期以来研究不足，而且资金缺乏。例如，全世界每天都有八百多人死于妊娠并发症，其中约有一半是因为子宫衰竭导致宫缩乏力造成的。目前，这种情况只有一种治疗方法：使用激素催产素，但只有在大约一半的情况下，催产素可以帮助产妇阴道分娩。那些催产素不起作用的人需要紧急剖宫产，而目前还没有判断病人是否对催产素有反应的临床检验。如果要预测的话，就好像抛硬币一样，全凭运气。

有研究表明，那些宫缩乏力而无法分娩的患者，其子宫肌层血液（位于启动宫缩的子宫部分）中的酸性物质较多，想象一下，这是多么令人兴奋的发现啊！这是英国细胞和分子生理学教授、优生中心主任苏珊·雷发现的。它极有可能改善结果——尤其是在雷和她的同事伊娃·维伯格-伊策尔对可能治疗子宫衰竭的方法进行了一项随机对照试验后，这个试验用到了厨房里常见的一种东西：碳酸氢钠（俗称小苏打）。那些没有接受这种治疗的产妇中有 67% 的人能够通过阴道分娩，而通过这种办法降低血液酸度后，可以通过阴道分娩的产妇比例上升到84%。[53] 正如研究人员指出的那样，这种治疗方法如果能考虑到体重和病人血液里已有的酸含量，并重复给药，可能会更加有效。所以，正如克里亚多·佩雷斯所言，这项研究意义非凡：现在每年都有数以万计的孕妇在接受原本可以避免的大手术，这项研究可以改变这个医疗结果。在没有办法进行剖宫产或者剖宫产有风险的情况下，例如在低收入国家，这种治疗方法可以成为救命稻草。（"并不是说只有在低收入国家实施剖宫产才有风险，"克里亚多·佩雷斯写道，"你只要是一个生活在美国的黑人女性，就会面临这种风险。"）[54]

　　但如果你觉得情况很乐观，那你是高兴得太早了。雷想申请资助继续在中低收入国家进行研究，但被拒绝了。英国医学研究委员会的说法是，这项研究"优先级不够高"。[55] 该委员会成员还不如直接站出来说：女性的健康——尤其是非白人、贫困女性的健康——实在无关紧要。

第六章　我的身体我做主

关于女性有控制身体的权利

　　2019 年 5 月 14 日，25 名白人共和党人——全是男性——在亚拉巴马州投票通过了美国几十年来最严格的反堕胎法案。[1]第二天，该法案由一位白人女性——亚拉巴马州的共和党州长凯·艾维签署成为法律。该法案最终没能在联邦法庭上通过，但如果该法案按计划在当年的 11 月生效，那么，在亚拉巴马州堕胎现在就会被定为刑事犯罪了——几乎在任何情况下都不允许堕胎，包括强奸和乱伦造成的怀孕。[2]唯一的例外是，如果怀孕到胎儿足月会危及被迫怀孕者的身体或精神健康。值得注意的是，该法案禁止在任何一个发育阶段进行堕胎，从而侵犯了受宪法保护的在胎儿达到存活期（通常是在怀孕 24 周左右）前可以堕胎的权利。[3]

　　亚拉巴马州试图禁止堕胎的法案虽然极端，但也只是最近通过的一系列限制堕胎法案中的一项。大多数这类法案都得到了绝大部分共和党白人男性的大力支持，保守派的白人女性也在制定和执行政策方面发挥了重要作用。所谓的"心跳法案"（heartbeat bills），就是由一位名叫珍妮特·波特的保守派白人女性提出的。根据该法案，在检测到胚胎中有心脏活动后就要禁止堕胎。波特对反堕胎运动的主要贡献是进一步把堕胎道德化——那些选择堕胎的人会被冠以"残忍、冷酷、无情"的恶名。波特宣称："无视那个指标、那个心跳，就是残酷无情。"这一法案把禁止堕胎的时间从 24 周提前到了 6 周或 8 周（取决于在哪一个州）。[4] 在孕期的这一阶段，很多人都不知道自己已经怀孕——而对于那些知道自己怀孕的人来说，通常这本来就是她们想要的结果。所以，"心跳法案"几乎可以禁止所有人堕胎。[5]

这种胎儿心跳的提法显然是为了博取同情。但是，在孕期为 6 周或 8 周时（从最后一次月经的第一天算起）称之为心跳是非常错误的。在这个阶段，根本没有心跳——一点也没有，因为这时压根儿还没有心脏（也没有大脑，没有脸）[6]，甚至还没有胎儿：直到大约 9 周或 10 周时，胚胎才变成胎儿。6 周的胎芽差不多只有绿豆那么大。[7] 超声波可能检测得到那些将演化成为心脏细胞的细胞脉冲，但也可能检测不到。在某些妊娠中，这种活动要到很晚才会被发现。

同时，说到冷酷无情，情况完全相反。就在亚拉巴马州通过反堕胎法案的同一天，新闻曝光了俄亥俄州一名 11 岁的女孩被绑架并多次被强奸，现在已经怀孕。[8] 在那之前一个月，俄亥俄州通过了一项心跳法案，预定 90 天后生效，但也被联邦法院否决了。[9] 根据这项法律，这个女孩原本要被迫怀胎十月，这会让她受到的伤害雪上加霜。女权主义作家劳丽·彭妮对这一案件的评价是："以任何正常的道德标准来衡量，都能很容易看出，一个强迫幼女怀孕到足月并生下孩子的政权是多么可怕，多么无情，多么违背道德。"[10] 的确如此。但是，不知为什么，反堕胎活动家仍然声称拥有道德制高点。

一个可能怀孕的人从个人角度反对堕胎是一回事——由于她的宗教观点（她并没有指望所有人都有相同的观点），她自己不愿意堕胎，甚至觉得任何人这么做都是错误的。但是，如果某个人，特别是某个不可能怀孕的人，比如一个顺性别男性，认为应该用国家的强制力量逼迫任何一个怀孕的人完成孕期，而完全不顾其年龄、信仰、生活环境、造成其怀孕的创伤性方式，以及如果不结束妊娠会产生的毁灭性后果，那就是另一回事了。前者是个体差异的合理表现，而后者是一种极其残忍、极其令人不安的态度。请记住，国家并没有对某些大多数人都认为不道德的行为进行监管，例如，欺骗和背叛自己的伴侣，或者是某些被一些人认为等同于谋杀的行为，比如吃肉。对孕妇进行胁迫的社会成本很高，似乎大大超出了某些人在被给予某些自由的情况下，选择去做一些别人认为不该做的事情可能产生的社会成本。

所以，如果你个人反对堕胎，那你就不要堕胎，这没问题。但国家对孕妇身体的管制是一种厌恶女性的社会控制形式，对最弱势的女性有着最恶劣的影响。在我的这本书里，这种恶劣影响完全不可原谅。

"孩子生出来后，母亲见到医生。他们照顾婴儿，把婴儿包得很漂亮，然后医生和母亲决定是否要处死婴儿。"这些话——彻头彻尾的谎言——是唐纳德·特朗普总统在威斯康星州的一次集会上说的。[11] 由于禁止怀孕初期堕胎的推动力越来越大，最近许多关于堕胎的讨论都集中在怀孕初期堕胎这个话题上，原因是可以理解的。但是，我们应该确保能够正确地处理在孕期较后阶段采取堕胎这个问题。

当然，对于所谓的晚期堕胎加强道德审查掩盖了一个事实，那就是，只有略高于1%的堕胎是在20周后进行的（大约是典型妊娠的中期）[12]，而且这种堕胎多半是因为胎儿有严重畸形，或者是如果继续妊娠会对孕妇的健康造成严重威胁。

有这样一个案例，伊丽莎白（化名）第二次怀孕了，她很激动（她的第一次怀孕失败了，在第10周时不幸流产）。刚开始时，一切似乎进展顺利。但到了第16周，有迹象表明她出现了严重问题：脐带处于胎盘的最边缘（而不是在中央）；大量出血，血液测试显示某一种蛋白质含量很高，而这种蛋白质在大多数情况下只存在于胎儿身上。扫描还显示，胎儿双足畸形——这本身不是什么大事，但这说明胎儿有可能有其他发育问题。医生发现，胎儿的拳头在做超声波检查时一直是闭合的，他们怀疑胎儿的肌肉有异常，这更让人担心了。

尽管有各种问题，而且伊丽莎白也越来越感到不安，但她还是没有考虑在这个阶段堕胎。她和丈夫非常想要这个孩子，甚至给儿子取了个昵称叫"斯巴达克斯"，因为他们觉得，为了克服面临的困难，他应该有一个勇士的名字。他们把关注点放在孕期的各个重要时间点上——医生告诉他们，到28周后，他们的孩子有 75% 的存活率。之后，他还在生长。到 30 周时，他们已经开始庆祝了。

但是，31 周时，胎儿的生长速度急剧下降，体重百分位从 37% 一下子降到了 8%，而且他没有吞咽行为了。伊丽莎白在一次令人动容的采访中告诉吉娅·托伦蒂诺说："这是我们第一次意识到，孩子有很严重的问题。"[13]

伊丽莎白和她的丈夫终于要面对一个糟糕的消息：据医生说，由于某种"无法与生命共存"的肌肉疾病，他们的孩子无法呼吸。如果要把孩子足月生下来，伊丽莎白将面临剖宫产，因为她两年前曾做过一个脑部手术，阴道分娩会有危险。她的医生担心，如果她用力，可能会导致致命的动脉瘤。所以，为了一个无法存活的婴儿，他们当时考虑要让她经受一次腹部大手术。如果早产，也有很大风险，可能出现神经系统并发症——同样，也可能是致命的。

在这种情况下，堕胎对她来说似乎是更好的选择。伊丽莎白不得不在 32 周时从她所在的纽约州（在那里堕胎是非法的）飞到科罗拉多州进行手术，花费了一万美元。她说："说真的，如果医生觉得还有可能，我愿意试试，我真的愿意吃任何苦。但我开始接受一个事实，那就是，我永远也不可能成为这个小家伙的母亲——就算是足月把他生出来，就算他能活下来，他也可能只能活一点点时间，然后就窒息而死。这对我来说是不能接受的，只要我有办法让他的痛苦减少到最低程度，我就不能让他受那么多苦。"

在这种以及其他类似的情况下，在妊娠的最后三个月选择堕胎——给胎儿注射一针，使其停止心跳——绝对不是因为冷酷无情。[14] 然而，越来越多的人不相信，那些怀孕的人能够在与医生协商后为自己做出这种毁灭性的决定。相反，她们被恶意中伤，受到监管，甚至被妖魔化。

正如我们已经开始看到的那样，错误的医疗信息在反堕胎运动中无处不在。2012年，时任密苏里州共和党代表的托德·埃金认为，强奸致孕的情况极为罕见——因为"如果是合法强奸（legitimate rape），女性的身体能够尝试着阻止整件事情（怀孕）的发生"。[15] 埃金关于子宫有这种功能的想法实在太荒谬，他提出了"合法强奸"这个类别，那么问题来了：什么样的强奸是不合法的？

这种对怀孕的身体可悲的无知，并没能阻止许多那些继续试图对其进行控制的人。2015年2月，在一个有关禁止通过远程医疗开堕胎药处方的法案的听证会上，一名共和党议员向一位做证的医生建议，她和她的同事们可以让患者吞下一个摄像头来判断怀孕状况——一个类似于做结肠镜的操作。"同样的操作可以用来判断怀孕吗？能不能吞下摄像头来帮助医生判断是什么情况？"她回答说不行，因为胃和子宫之间没有通道。[16]

2019年5月，另一位共和党议员建议，出现宫外孕时不应流产：应该把胚胎从输卵管（绝大多数情况下，宫外孕发生于此）重新植入子宫。[17] 这显然不可能。宫外孕一般都是痛苦不堪的，胚胎几乎没有成活的可能，需要紧急就医。[18] 通常情况下，唯一可行的治疗方法就是人工流产——可以使用氨甲蝶呤等药物使妊娠停止，胎儿组织重新被身体吸收，或者，在更多的情况下是通过手术。如果没有这样的治疗，95% 的情况下会出现输卵管破裂，这些可能致命的紧急医疗事件在与怀孕有关的死亡中占很大比例。[19] 即使病人活下来了，她们将来往往也很难再怀孕，即使怀上了也很难保住胎儿。所以，即使是从反对堕胎者的角度来看，这个建议也是非常荒唐的。

尽管如此，保守派网络杂志《联邦主义者》最近发表了一篇题为《治疗宫外孕真的需要流产吗？》的文章。[20] 在这篇文章中，权威人士格奥尔基·布尔曼主张终止所有合法堕胎，包括宫外孕，尽管很显然这个政策将付出生命的代价。她认为，"堕胎永远不是解决问题的答案"。相反，她建议让患病的输卵管破裂，希望一小部分胚胎能以某种方式将自己重新植入 "一个更安全的位置"。布尔曼承认，的确，"知道某种身体状况可能导致很小的死亡概率是很可怕"，但是，"那么小的概率会让你特意毁掉自己的孩子吗？如果知道极有可能不必堕胎，你还愿意做这些让自己良心不安的事吗"？针对这种胡说八道（我们知道在这种情况下死亡的概率极高）外加让人产生愧疚感的组合套路，《阴道圣经》（ *The Vagina Bible* ）的作者、世界著名妇科医生珍·甘特在推特上评论道："不要试图让 '宫外孕的胎儿也是婴儿' 的说法合理化！如果你从来没有治疗过一个因为宫外孕而满肚子是血的女人，在你还没有害死人之前，你给我闭嘴，坐下来好好学习。" [21] 她说得一点没错。[22]

显然，很多男人觉得自己有权利控制怀孕的身体，却对怀孕的身体如何运作毫无概念，也没有兴趣去了解。显然，也有一些女性因为有人反对控制和强迫她们怀孕的做法，而认为这些反对者冷酷无情。

认为对堕胎采取严格的法律限制是为了保护生命，这种说法越来越不可信。支持这些禁令的许多共和党人，甚至是大多数共和党人，也支持一个在任期内造成七名被拘留的移民儿童死亡悲剧的政府（同时，"失去"了几千名其他儿童，或更准确一点地说，是偷走了几千名其他儿童）。[23] 许多支持这些禁令的共和党人也支持死刑。就在亚拉巴马州签署了美国最极端的反堕胎法案的后一天，凯·艾维拒绝让一名死刑犯缓刑，这名犯人随后被处决。在我写作此书的时候，另一名患有认知障碍的男子也在等待同样可怕的死亡，他将被执行注射死刑。[24] 人们不禁要问，生命到底是神圣还是不神圣？

绝大多数支持这一反堕胎立法的人却没有采取任何措施来解决美国产妇死亡率高得惊人的问题（特别是黑人、美洲原住民和阿拉斯加原住民女性）[25]；他们对让贫困儿童获得额外子女抚养费的问题几乎没有兴趣；他们不关心劣质食品和水（包括众所周知的密歇根州弗林特市的水污染事件），导致许多美国人出现严重的健康问题；他们极其反对扩大平价医疗服务；他们往往对警察暴力和国家批准的处决极为冷漠，这些问题现在因为"黑人的命也是命"（Black Lives Matter）运动已经引起了人们的迫切关注。[26]

还有一点，堕胎合法化后，堕胎率并没有上升，女性不再需要寻求非法堕胎的途径，但反堕胎活动家对此不以为然。[27] 非法堕胎会产生更为糟糕的健康后果——有时是悲惨的后果，包括死亡。

因此，反堕胎运动关心的并不真的是生命，也不真的是出于宗教原因——至少并非像眼下这样，把这个运动在文化上和基督教的宗教教义直接联系起来。诚然，个别人坚持认为，他们的反堕胎立场是因为他们是基督教徒，参与当地的宗教文化——他们也许是真诚的，说的也是实话。但重要的是，我们要认识到，在许多情况下，这种地方宗教文化很容易以其他方式影响人们的生活。特别是，近年来为了明确的政治目的，福音派对堕胎的态度受到了蓄意操纵。

这些政治目的从一开始就利用了反女权主义的情绪。法律学者琳达·格林豪斯和雷娃·B.西格尔在一系列重要的论文中表明，当代美国的反堕胎运动起源于在"罗诉韦德案"*判决前提出的"3A战略"†，这个战略是为了动员原来投票给民主党的美国人把票转投给共和党，向他们强调迷幻药、特赦（针对所谓的越战逃兵）及堕胎造成所谓的道德威胁——对核心家庭构成威胁。格林豪斯和西格尔写道：

---

* 1972年，得克萨斯州两名年轻的女权主义者萨拉·威丁顿和林达·科菲试图挑战当时的堕胎政策。她们选中了一名希望堕胎的21岁女子，化名为简·罗（Jane Roe），韦德（Wade）则是当时达拉斯县的检察官。几经周折，1973年1月22日，美国联邦法院最后以7比2的表决，确认女性决定是否继续怀孕的权利受到宪法个人自主权和隐私权的保护，这等于承认了美国堕胎的合法化。这一案件的影响被美国人视作等同于第二次内战。

† 迷幻药（acid）、特赦（amnesty）和堕胎（abortion）的英文首字母都是A，故称"3A战略"。

随着［尼克松］竞选活动的进展，共和党战略家们越来越多地将堕胎作为一种令社会保守派担忧的文化潮流的象征，这些保守派为人们不再尊重传统而忧心忡忡。在 1972 年 8 月为《纽约时报》写的一篇题为《尼克松将如何取胜》的文章中，政党重组战略家凯文·菲利普斯夸下海口，声称因为运用了"南方战略"去争取 1968 年支持［乔治］华莱士的南方选民，共和党马上就可以取得胜利……

菲利普斯预言，共和党人要"集中攻击的议题是社会道德"，他警告说，在秋季竞选中，共和党人将把［票数领先的民主党竞选人乔治］麦加文标记为"3A 候选人——迷幻药、特赦、堕胎"，并指出"这样的策略将有助于把麦加文和美国中产阶级深恶痛绝的文化和道德观联系在一起"。[28]

不仅如此，正如两位作者指出的，"在这种处理下，对堕胎的攻击不仅仅是针对堕胎本身"。[29]在前一年出版的著作中，格林豪斯和西格尔指出：

通过给麦加文冠以"3A 候选人"的恶名，谴责作为一种随意放纵的青年文化的堕胎权，侵蚀了传统的权威形式。反对堕胎权的理由并不是说堕胎是谋杀，而是因为堕胎权（像要求大赦一样）使传统角色的解体得到法律认可，根据传统，男人应该随时准备战死沙场，而女人则应该全心全意为人妻母。[30]

在那个时代，反对堕胎的情况也是如此，而且更为广泛。正如格林豪斯和西格尔在谈到臭名昭著的反女权主义者菲莉丝·施拉夫利[*]时所指出的那样。"［她］对堕胎的攻击从未提及谋杀；她谴责堕胎,将其与'平等权利修正案'和儿童保健联系起来。"[31]

总而言之，那时的反堕胎运动为了宣扬所谓的家庭价值观，利用了宗教的力量,但并不是由平民宗教运动推动的。而这些(同样还是所谓的)家庭价值观甚至都不涉及对性本身的监管：相对而言，人们对控制男人的性行为或生育自由没有兴趣。正如米歇尔·奥伯曼和 W. 戴维·鲍尔最近指出的那样，男性几乎一直安然置身于反堕胎活动家的怒火之外，虽然意外怀孕十有八九发生在异性关系中，而且大多数要做堕胎手术的人都说她们的伴侣同意她们的决定，但极少有人因为男人参与了选择堕胎而给他们定罪——更别说罪魁祸首就是他们考虑不周的射精。正如奥伯曼和鲍尔所言：

> 虽然因为堕胎而起诉男人有合理的法律依据，但这么做显然很罕见，这让我们意识到一些重要的东西，那就是，直到现在，我们在这场辩论中的态度是有问题的。男孩还是那个男孩，但怀孕的女性却一定是因为行为不检点。我们觉得，对女性的性行为进行约束是件顺理成章的事，但如果对男性

---

* Phyllis Schlafly，美国作家和政治活动家，以反对女性运动，特别是反对"平等权利修正案"而闻名。2020 年热播的美国电视剧《美国夫人》(*Mrs. America*)根据真实事迹改编，围绕 20 世纪 70 年代菲莉丝·施拉夫利领导的反对"平等权利修正案"(Equal Rights Amendment，简称 ERA)运动展开。

采取同样做法，人们会感到震惊。虽然把男人和堕胎放在一起讨论可能会显得很奇怪，但不这样做就更奇怪了，因为如果没有男人，女人就不会意外怀孕。[32]

要继续详述那些反堕胎支持者的虚伪性，同时又让人们看到他们可能提出的论辩站不住脚，并非难事。（例如，有人可能会争辩说，一个人可以始终支持死刑，但同时仍然会反对堕胎，因为堕胎涉及的是无辜的生命。在理论上，这也许没问题，但在实际情况中，这种辩解十分苍白，因为错误定罪的现象普遍存在，特别是对美国黑人而言。）在很多方面，根本没必要多说：反堕胎活动家的话越来越暴露了他们的想法。体外受精的做法是选择最强壮的胚胎植入子宫，丢弃其他剩余的胚胎。亚拉巴马州参议员克莱德·钱布利斯，在解释为什么号称保护受精卵、胚胎和胎儿的法案不会影响试管受精的合法性时说："实验室里的卵子不能算，它不是在女人身体里，她没有怀孕。"[33] 这种评论真是太厚颜无耻了，赤裸裸地表达了反堕胎运动的真正逻辑：他们不是为了保护生命，而是为了控制女性，为了强化一个普遍存在的社会期望，那就是，女人要为指定的男人"提供"孩子。[34]

这并不是说，女人因此被视为次等人类生物、非人类动物，甚至仅仅是容器。[35] 在观念上，女人的人性对生养孩子这件事而言实在是至关重要：无论是在生孩子这件事上还是在其他事上，她给男人的东西应该都是一种特定的人的服务。她不仅仅应该生这个孩子，就像《使女的故事》*中一样，只是完成繁殖任务；生了孩子之后，她还要忘我地照顾孩子（要比男人应该做的多得多）。但是，即使她的人性没有疑问，这种人性也应该用在别人身上。她的定位不是一个作为人的个体，而是一个作为人的提供者——提供生育，提供情感劳动，提供物质支持，提供性满足，只要是她的男性伴侣想要这些。而他，也相应地被视为有权利从她那里得到这些商品，这是他与生俱来的权利。同样，他也被视为有权放弃这些商品。对于许多有权有势的共和党男人来说，他们反对堕胎也有例外情况，尤其是当所谓的情妇怀了他们不想要的孩子时。[36]

因此，我们可以将反堕胎运动理解为众多厌女的强制执行机制中的一种，其存在正是为了强迫女人提供照顾。女人必须承担"3A战略"所暗示和强调的为人母的角色。一旦怀孕，她的饮食习惯就要遵守严格的文化监管——虽然有证据证明，偶尔饮酒并不一定有害。[37] 在考虑分娩方式时,所谓的"自然"分娩（即阴道分娩，不使用药物）会被奉为最佳选择，而事实上，无论是对孕妇还是对婴儿来说，自然分娩的好处都被夸大了。[38] 她一旦生下孩子，不仅应该无微不至地照顾孩子，还必须采用某种特定的方式。例如，在那些可以用纯净水制作配方奶来代替母乳的情

---

* *The Handmaid's Tale*，加拿大作家玛格丽特·阿特伍德的长篇小说，讲述了一个国家中为数不多能够生育的女性之一奥芙弗雷德，被分配到没有后代的指挥官家庭，帮助他们生育子嗣的故事。

况下，母乳喂养的压力大大超过了它的好处[*]。³⁹无论人们认为母乳喂养对婴儿有多少好处，都应该冷静地权衡一下，这会给许多努力要做到母乳喂养的母亲带来多少痛苦和辛劳，让她们失去多少自由。⁴⁰（当然，难上加难的是，她不能在公共场合喂奶，免得她那不合规矩的身体让别人感到恶心和羞耻。）

一朝为母，终生为母——她对身边人的情感、物质和精神需求要担负起义不容辞的责任，远远不止照顾自己孩子的任务。她也是其他人的母亲：提供帮助和抚慰，养育他们，爱护他们，关注他们。正如我们在上一章所看到的那样，她很少有权利为自己争取这些精神帮助。同时，正如我们在下一章将要看到的，如果她与男性伴侣一起养育子女，那么他在共同照顾孩子时承受的压力相对要小得多。

考虑到母亲责任的长期性，我们就不难解释，为什么人们会在女性怀孕后越来越早地敦促她们成为名副其实的母亲；我们也不难预测，如果她想逃避这个角色，或者提前进入这个角色，会有什么下场：她会被看成一个坏女人。她会成为厌女症的受害者，受到威胁和惩罚，人格遭到诋毁。通过把一小簇尚在发育中的人体细胞想象成一个完全成熟的人——用现在一个越来越流行的法律术语来说，就是"自然人"——她在早得不能再早的阶段就被变成了一位母亲。而一旦涉及这个名义上已经完全成熟的人，终止妊娠就变成了杀人，变成了谋杀——那个怀孕的人就变

---

* 这句话的背景是：在一些水质差的贫穷国家，母乳喂养的好处可能非常显著，因为用来代替母乳的配方奶是用被污染的水制成的。

成了杀人犯。对于相信这一点的人——比如《国家评论》记者凯文·威廉森——来说，那些堕胎的人甚至应该被判处死刑。正如威廉森最近在一个播客节目中所说的那样：

> 我完全赞同像对待其他犯罪一样对待［堕胎］，采取包括绞刑在内的惩罚——正如我所说的，总的来说，我对执行死刑有点于心不忍，但我觉得应该把绞刑作为一种死刑方式。我认为注射死刑那样的做法太缺乏想象力了。

对此，博客作者查尔斯·约翰逊在推特上的回应可谓一语中的："你不只是想让这些女人死，你还想折磨她们。"[41]

许多女性，尤其是白人女性，已经把这套道德准则内化了：她们会因为堕胎而认为自己是坏女人。她们之所以有这样的想法，现在也不难理解了。对于那些因遵守女性道德规范而获益良多的女性来说，在我们白人至上主义父权制价值观面前，采取这种立场对她们会有特别的好处。看看那些享有特权的白人女性所拥有的显赫地位——光在这一章里，我们就提到了凯·艾维、珍妮特·波特、格奥尔基·布尔曼和菲莉丝·施拉夫利。研究表明，这些女性并非少数另类，在一些州，白人女性甚至可能比白人男性更加反对堕胎。[42]

当然，即使这些女性的观点是意料之中的，也不能免除她们在反堕胎运动中的道德罪责。因为当怀孕受到监管时，为此付出代价的主要是贫穷的非白人女性——而且不仅是在获得堕胎机会方面。一项对所谓的"生殖压迫"现象（即通过法律和公共政策的手段限制孕妇人身自由）的研究，调查了从 1973 年至 2005 年间的四百多个案例。在国家的支持下，孕妇被逮捕、监禁、加刑；她们被扣留在医院、精神病院和其他医疗场所；她们受到强制性医疗干预，包括手术——例如，在她们想尝试阴道分娩时接受剖宫产。[43] 这些措施大多是为了应对这些孕妇可能对胎儿造成的所谓的威胁。其他厌女的社会控制手段，情况也一样，有些女性被认为比其他女性更具威胁性。研究人员林恩·M. 帕尔特洛和珍妮·弗莱文发现：

> 在我们的研究中，绝大多数女性，不分种族，经济上都处于不利地位，有 71% 的人因为贫穷请不起辩护律师。在 368 名可以获得种族信息的女性中，59% 是有色人种女性，包括非裔美国人、西班牙裔美国人 / 拉丁裔、美国原住民，以及亚洲 / 太平洋群岛裔；其中 52% 是非裔美国人。非裔美国女性在我们的研究中占比特别高，特别是在南部……近四分之三的案件是起诉来自南部的非裔美国女性，相比之下，只有一半案件涉及白人女性。[44]

瑞吉娜·麦肯奈特的案子就属于这种情况。她是一名来自南卡罗来纳州的非裔美国黑人女性，在 21 岁的时候，意外遭遇了死胎——后来有证据显示是因为感染，但州法院把死胎归咎于麦肯奈特服用可卡因。陪审团只花了 15 分钟讨论就宣判她犯了杀人罪，判处麦肯奈特 12 年徒刑。她的指控在 2008 年被撤销——但那时她已经坐了整整八年牢。[45]

控制孕妇身体只是对女性的身体进行管理、监督和日益严格（过度）控制的众多方式之一。一个特别有趣但也是经常被忽略的类似情况是，反跨性别运动及其对跨性别女性身体的监管，包括法律手段的监管。以"厕所法案"为例，该法案提出，要根据一个人出生时的性别来限制其使用公共厕所、更衣室和其他传统上根据性别隔离的设施。在我写作此书的时候，美国已经有16个州审议了此类性质的法案。北卡罗来纳州在2017年通过了一项此类法案，但后来被联邦法院驳回。[46] 这种立法会迫使跨性别者使用与自己的性别身份不符的公共厕所，使他们遭受潜在的社会羞辱，增加受到人身攻击的风险，还会导致性别焦虑。最近一项对大约两万八千名跨性别者所做的调查显示，即使是对使用公共厕所进行例行的非法律手段的监管，也会产生显著的负面影响：近60%的人在过去一年中都至少有过一次避免使用公共厕所的经历，原因是担心被攻击或质问。这个结果一点不意外。[47]

与反堕胎立法一样，要想通过厕所法案，就要先塑造一个不道德的、应该受到谴责的群体形象。在堕胎的案例中，这个人是一个无情的顺性别女性，一心要杀死她"未出生的孩子"；在厕所法案的案例中，这个人是一个具有攻击性的跨性别女性——或者说，是一个为了能使用厕所而装扮成跨性别女性的顺性别男性。与反堕胎立法一样，要想通过厕所法案，还要塑造一个名义上的受害者。在堕胎的案例中，这个受害者是一个脆弱得令人心痛的胎儿，它有可能会长大成为下一个爱因斯坦；在厕所法案的案例中，受害者是一个可能会被袭击的顺性别女性。一些人早就蠢蠢欲动，想要监管所谓的道德败坏者，这些名义上的受害者正好成为前者满足了这种欲望后可以为其所用的借口。[48]

现实中，在公共厕所里袭击过别人的跨性别女性，或自称是跨性别女性的顺性别男性，数量非常少。最近的研究显示，自2004年以来，这样的犯罪报告在美国每年大约只有一次。与此同时，不屑于装扮成跨性别女性的顺性别男性在公共厕所里袭击女性的案例倒是不断增多：同一组研究人员发现，在同一时间段内，这种情况发生了150余次。[49]那么，为什么我们会从某些渠道听到那么多有关跨性别女性（或者，自称是跨性别女性的顺性别男性）的假想威胁，而肆无忌惮的顺性别男性对全体女性构成的真正威胁，我们却知之甚少？答案当然是"恐跨症"（transphobia）——特别是针对跨性别女性的"厌跨女症"，当厌女症和恐跨症交叉在一起时，会变得格外危险而有害。[50]

咬定跨性别女性或假装成女人的男人具有侵害性，这种想法并非偶然。把这两类人用一个"或"字分开，会掩盖一个事实，即那些顽固的恐跨症者，往往将这两类人视为同一类人。在这种情况下，针对跨性别女性的暴力就更可能发生，而且更为常见。

哲学家塔利娅·梅·贝特彻在一系列重要的文章中指出，把性别作为生殖器的代码，以及以顺应自然和合乎道德的名义坚持将性别和生殖器"统一"，这两种想法在恐跨症顽固分子中最为普遍。她写道，在一个把顺性别作为性别标准的社会里——

阴茎和阴道被视为男性和女性理应拥有的"合法财产"。

实际上，认为性是自然天赋的态度也关系到道德秩序。认识到这一点，有助于理解厌跨女症这样一种同时受到道德因素和自然因素影响的厌女症。把一个跨性别者描述为"实际上是什么什么样的人，却装扮成是什么什么样的人"，这种描述并非罕见。例如，一个跨性别女性也许会被说成是在从事某种"性欺骗"。[51]

具体来说，跨性别女性可能被看作一个假装成另一个人的"邪恶骗子"，或者，她只是一个冒牌货，一个有缺陷的、模仿女人的男人。[52] 正如贝特彻所写：

> 跨性别女性的身体从本质上被认为是男性的身体。她的阴道被认为是非法的，部分原因是这种身体结构的形成不符合道德。在这种情况下，跨性别女性不仅"篡改"了她现在的身体结构，还"篡改"了她原来应有的生殖器——那个生殖器才是符合道德的身体结构。[53]

从贝特彻上面的讨论可以得出一个重要的推论，那就是，一旦认为某人的性别表现为女性，那么就有权利一眼看穿她的生殖器长什么样，而且要毫无疑问，清清楚楚，哪怕她穿得严严实实。有权一眼看穿一个女人的生育能力似乎是上述权利的合理延伸——这意味着，如果她不能"给予"顺性别男性符合异性恋规范的性和有血缘关系的子女，她就有义务不以女人的形象出现。但愿这种假定的义务不会成为真正的义务。[54]

正如我们已经看到的，反堕胎运动所谓的关注生命掩盖了一个事实，这样的运动损害了顺性别女性的健康和生活，也损害了其他可能会怀孕的人的健康和生活。同样，反跨性别运动所谓的关注性安全，掩盖了它损害跨性别女性生命安全的事实，她们是特别弱势的阶层，特别容易受到攻击、袭击和谋杀，这类事件发生的频率之高，以至让美国医学协会最近将跨性别者的死亡宣布为流行病。[55]

贝特彻在一篇文章中讨论了著名的格温·阿罗约案件，主人公是一个来自加州的 17 岁跨性别女孩，2002 年遭到无情殴打并被谋杀。[56] 在被谋杀之前，阿罗约参加了一个派对，在派对上，有人对她的生殖器表示怀疑，导致她被强迫暴露生殖器，使得她跨性别的身份被粗暴地公开"曝光"。正如贝特彻指出的那样，围观者随后宣布"他是真正的男人"，这似乎成为四名年轻的顺性别男子对阿罗约进行恶性攻击的原因。这四个年轻男子是杰森·卡泽尔、迈克尔·麦吉德森、杰伦·纳博尔和何塞·梅雷尔，他们后来被指控一级谋杀。[57] 值得注意的是，这四个人中有两个（梅雷尔和麦吉德森）在派对前几天和阿罗约有过性接触。他们随后的暴怒很有可能是因为他们没有得到自认为应该得到的权利——既然阿罗约表现为女人，既然他们产生了对她的性欲，那么，阿罗约在出生时被指定的生殖器和性别就应该符合他们的期望。[58]

在杀死阿罗约之后，他们把她受到重创的尸体埋在了 150 英里外的荒野里，然后去了麦当劳。很多人非但没有认为这些年轻人应该对阿罗约的死负责，反而对他们表达了同情和支持。[59]

正如贝特彻描述的那样，他们以指责受害者的逻辑为施害者找借口。其中有一个施害者的母亲说："当你发现你身边的美女其实是个男人，是个正常的男人都会发疯。"一位名叫扎克·卡莱芙的学生记者认为："他没有对他们说实话，如果他说了实话，这一切就不会发生。"——她这样误判阿罗约的性别，在道德上进一步伤害了她。尽管事实上，在杀人前几天，这几个年轻人就已经在怀疑阿罗约的生殖器，他们的一位律师还坚持认为，他们是出于"极度的震惊、惊奇和困惑"而"激情杀人"。他们杀人是因为受到了"触及原始本能"的挑衅——这种挑衅来自阿罗约的"性欺诈、欺骗和背叛"。这些说法反映了这样一种观点：这些男人不仅有权去看阿罗约衣服下面的生殖器状况，而且在这种权利受到挑战时，他们还有权"发疯"，甚至可以杀死她。

尽管这个例子可能很有戏剧性，但部分享有特权的男性普遍有一种应得权利感，认为自己有权管理、控制和统治女性的身体——不论她们是顺性别女性还是跨性别女性。而这导致的直接结果是，那些受到这种厌女行为监管的人，往往被斥为道德怪物，虽然她们才是被折磨得最惨的人。

第七章　无人分担的家务

关于男人有权利让女人做家务

"男人就是觉得他们有权利享受我们的劳动。"达茜·洛克曼在《所有的愤怒：母亲、父亲，以及平等伴侣关系的神话》(*All the Rage: Mothers, Fathers, and the Myth of Equal Partnership*)中这样写道，"这种应得权利感的光彩如此炫目。"[1] 这也给许多异性组合家庭蒙上了一道长长的阴影：拥有男性伴侣的母亲，在抚养子女和承担家务中付出的比例要比她们的男性伴侣多得多。社会学家阿莉·拉塞尔·霍克希尔德在 20 世纪 80 年代末提出过一个说法——"第二轮班"，用来描述女人每年多做的一个月家务，这样的劳动在过去的几十年里并没有被编入家庭预算。

这种家庭关系不平等的残酷现实可能会令人惊讶。在描绘当代异性伴侣时，我们经常看到的是一个有现代意识、积极参与家务的父亲形象，但不幸的是，这个形象具有误导性。虽然从 1980 年到 2000 年，美国男性在家庭育儿中的参与度确实提高了

（因为女性劳动参与率急剧上升），但随后却出现了停滞。在一项有关这方面情况的代表性研究中，社会学家吉尔·亚沃斯基、克莱尔·坎普·杜什和萨拉·朔佩－沙利文发现，对于父母双方都全职工作（大约每周40小时）的家庭来说，第一个孩子的出生会让父亲在家承担的工作量每周增加约10小时，而母亲的工作量则增加约20小时。所以，从工作量的角度来看，做母亲的代价要比做父亲的代价大一倍。不仅如此，父亲在这些情况下承担的新工作都属于和孩子一起时相对"有趣"的那类工作——例如，和小宝宝玩。父亲们做这些事的时间是平均每周4小时，因而在相同的时间段，做家务的时间就减少了5小时。母亲每周做家务的时间只减少了1小时，但需要增加大约21小时的育儿时间，包括15小时的体力活，例如给婴儿换尿布和洗澡。母亲和婴儿互动的时间仍然会更多，大约平均每周6小时。[2]

皮尤研究中心和美国劳工统计局收集的时间使用日记统计也显示了类似情况。2000年，他们发现，有工作的女性承担了大约三分之二的家庭儿童保育工作，她们的男性伴侣承担了其余三分之一的责任。这里也同样可以看到，女性做了双倍工作。令人不安的是，在过去的20年间，这些数字一直保持稳定。[3]

乐施会[*]2018年的一份报告显示，在全球范围内，仅比男性多从事一倍无偿护理工作和家务劳动的女性还属于少数。在世界各地，女性从事的这些工作平均是男性的2到10倍。这项工作

---

[*] Oxfam，一个具有国际影响力的联盟，成立于1942年，跨越种族、性别、宗教和政治界限，专注于减轻贫困问题，并让贫穷人群得到尊重和关怀。

的全球价值估计为每年 10 万亿美元。[4] 根据目前的情况来看，要想实现男女之间在照顾孩子方面的平等，估计还要再等上 75 年（这是"男子关爱"运动 * 提供的数字）到让人更为沮丧的 200 年（这是联合国国际劳工组织提供的数字）。[5] 研究表明，只有在一种情况下，男女在家务劳动方面会接近平等：她全职工作，而他没有工作。即便如此，这里的关键词是"接近"。她仍然要多做一点。即使是在所谓主张人人平等的美国社会中，平等仍然是难以企及的目标。

说真的，时间使用研究（time-use studies）对男性在家庭中参与度的描述可能过于美化了。"我对从时间使用日记上了解的信息表示怀疑，"坎普·杜什告诉洛克曼说，"我们在同一天观察这些夫妻，结果模式并不相同，我们的模式表明，男性所做的其实更少。"[7] 与此相一致的是，男人们似乎高估了他们在分担家务劳动方面的贡献。《经济学人》最近对西方八个国家的父母进行了调查，结果显示，有 46% 的父亲认为自己承担了一半的家务，但只有 32% 的母亲认同他们的看法。[8] 当然，有可能是女人在时间使用日记中少报了其伴侣的贡献，而不是其伴侣多报了自己的贡献。但社会科学家们认为这不太可能，正如社会学家斯科特·科尔特兰所说：

> 由于共同承担家务可能带来的好处、女性的劳动参与率

---

* MenCare，一项促进父亲参与育儿和家务劳动的全球运动，以此实现家庭幸福、性别平等，改善母亲、父亲和孩子的健康，支持女性的社会和经济平等。

迅速提高，以及越来越多的民众对婚姻中平等理念的认可，许多人……预言家务的分工将变得更加不分性别。然而，研究报告……似乎并没有为这个看法提供多少支持。这给研究人员留下了一个重要的未解之谜："为什么男人不多做一点家务？"[9]

男人之所以不承担更多家务，其中一个原因很可能是因为他们根本没有察觉到这一点——这是一种故意的而且是比较幸福的无知状态。坎普·杜什在解释自己的研究时这样写道：

> 有趣的是，新手爸爸们似乎并没有意识到他们没有跟上伴侣不断增加的家务量。当我们询问时，男人和女人都认为，在成为父母后，每周用于家务的时间各自都增加了30多个小时。但更准确的时间日记却讲述了一个不同的故事，事实上，生养孩子给女人增加的家务比给男人的要多得多。[10]

男人不承担更多家务的另一个原因是，在现在这种情况下，要求他们尽到自己的本分就已经很费劲了。

在《所有的愤怒》开头，达茜·洛克曼讲述了导致她写作该书的一件事。她曾要求丈夫乔治让她在母亲节那天暂时喘口气：请他带着两个女儿去看望他的母亲，让洛克曼有难得的一点属于自己的时间。他们心照不宣地认为，乔治将负责收拾孩子们的行李箱——这是他们的大女儿出生六年半以来，他第一次做这件事。洛克曼回忆道，当时乔治问她有没有忘记什么东西，她尽可能心平气和地回答，但心里却感觉非常沮丧。没过一会儿，她就开始感到内疚了。她写道：

> 我心中的魔鬼，一个在听了几十年有关女人、女人的责任和女人相对地位的聒噪之声后内化于心的魔鬼跳了出来：你这样对他不公平。他毕竟要带孩子出门。你就随便收拾些东西，只不过是在外面待一个晚上的东西，你只要30秒就能搞定，有什么了不得的？我拿了iPad和一些玩具，塞进包里，交给我心中的那个魔鬼，交给我的丈夫，我只希望能够对他公平。[11]

这种内心的对话生动描写了情绪劳动（emotional labor）所需付出的复杂代价。情绪劳动包括很多——密切关注各种信息、提前计划很多事情。这些工作经常都落在女性身上：知道什么东西在哪里、谁需要什么、杂货清单、家庭预算、家庭活动安排等——更不用说，还要收拾没完没了的包，小到尿布包，大到行李箱（在洛克曼拒绝提供更多帮助后，她的丈夫忘了拿两个女儿的睡衣，最后只能穿着泳衣睡觉）。

现在一个普遍的做法是，把所有这些形式的工作都归到情绪劳动的名下。在最近一份针对男性受众的情绪劳动指南中，这个概念被定义为：

> 女性为了密切关注生活中的小事所做的免费而无形的工作，这些工作加在一起就成为生活中的大事：情绪劳动是把家庭甚至社会凝聚在一起的黏合剂。[12]

诚然，这一术语的延展使用受到了该术语始创者阿莉·拉塞尔·霍克希尔德的抵制。她最初使用这个术语时是指需要维持一定情感效果的有偿工作——例如，空乘人员应该保持令人愉快的态度。[13] 但在我看来，为了跟上语言使用者的需要，术语的意义发生了变化，这是很自然的事。情绪劳动自然而然地被解释为一个涵盖很多内容的概念。正如《受够了：情绪劳动、女性与未来之路》（*Fed Up: Emotional Labor, Women, and the Way Forward*）的作者杰玛·哈特利所说的：

> 家务并不是唯一成为拖累的事情。我还要安排各种日程，预约各种活动，随时知道日历上的内容。我丈夫把钥匙放哪儿了？婚礼是什么时候？应该穿什么类型的衣服？我们还有橙汁吗？那件绿毛衣在哪里？谁谁谁的生日是哪一天？我们晚饭准备吃什么？我是那个知道所有这些问题的答案的人。我的脑海中装着详尽无遗的各种清单，并不是我想这么做，而是我知道没有其他人会做这些事。[14]

情绪劳动也包括为了完成以下这些任务所要求的管理情绪的工作：例如，不要指出男性伴侣做了什么错事以免激怒他，避免在家庭中过多要求他的"帮助"或"支持"。因此，许多女性面临着一个无法挣脱的窘境：如果对他没有要求，你就要多承担很多体力劳动、家务劳动和情绪劳动，你会被牢牢套住。如果你真的对他有要求，你就违反了心照不宣的社会准则，这种准则要求女人保持平和，照顾他人，对人不要苛刻。哈特利写道：

> 如果你提出要求，而且是用正确的方式提出要求，你也得多费一番力气。如果你要分派任务，很多情况下得重复很多遍，这往往会被认为是唠叨。有时候那点事根本不值得一次又一次地问，还要一直用正确的语气问（就这样也可能被人嫌弃是在唠叨），所以我就干脆自己做了。[15]

哈特利的书一开始讲了一件与洛克曼的开篇故事惊人相似的事情：母亲节那天，她提出要找人来打扫她与丈夫、孩子共用的卫生间和地板。她解释说：

> 对我来说，这个礼物并不是清洁工作本身，而是有这么一天我可以不用管家里的事。我不需要打电话，不需要比较不同的报价，不需要研究和审查每项服务，不需要安排付款，不需要预约时间。我真正想要的礼物是摆脱一直萦绕在脑海里的任务，摆脱这种情绪劳动。干净的房子只是我的附加收获而已。[16]

可惜，事与愿违。哈特利的丈夫选择省钱，他要自己给卫生间来个大扫除。在他打扫的时候，她的任务是一个人照顾孩子们，而家里的其他事情完全陷入了混乱。她描述了自己当时的愤怒："这么多年来，我们家一直只有我一个人在管事。"[17]

这很容易被认为是一个只存在于第一世界的问题，这么想的话就转移了视线。这里要比较的不是这些第一世界的女人和那些处境较差的女人，后者毫无疑问确实面临着许多独特的问题——其中有些问题我们已经讨论过，更多的问题后面会讨论。我们要比较的是，女人和那些没有平等承担家庭护理责任的男人，而且也没有什么好的理由可以解释男人为何在这方面没有尽到责任，毕竟，那种认为男人和女人在育儿方面有"天生"差异的倾向或喜好的假说已经被揭穿，甚至完全是一种不动脑筋、图省事的性别歧视。之所以这样说，一部分的原因是，有研究显示，大脑是有可塑性的，当男性成为主要照顾者时，他们的大脑与那些作为主要照顾者的女性的大脑相似。[18]虽然如此，男性还是无法真正地参与家务和育儿劳动，这似乎影响到了所有人口群体中的女性。[19]当然，这并不是说，贫富状况不同的女性受到的影响是完全一样的：当高收入、占主导地位的白人男性不能照料家庭，而他们同样富有的（通常还是白人）女性伴侣疲惫不堪、倍感绝望时，他们往往会"放下身段"，请经济状况不如他们的非白人女性来做这些事。所以，享有特权的白人男性的失职，不仅对其妻子产生了有害影响，而且还延伸地影响到了更加弱势的女性，这些女性可能会受到剥削，去做那些本来就不应该由享有相对特权的女性独自完成的工作。[20]

男人不仅仅是在家庭里未能照顾或拒绝照顾他人，他们甚至非常不愿意从事有偿的护理工作。经济学家观察到，男人们宁愿失业，也不愿从事护理工作（例如，当护士的助手）、照顾老人或成为家庭保健助手。但是，这些工作现在越来越多地出现，需要有人来做，因为传统的男性蓝领工作已经从美国经济中消失了。《纽约时报》2017年6月的一篇文章直截了当地指出了这个问题："这似乎是一个简单的解决方法。传统上由男性从事的工厂工作正在枯竭，美国经济中增长最快的是那些通常由女性担任的工作岗位。为什么不找男人来做这些事呢？"[21]

毋庸置疑，男性参与有偿护理的一个障碍是，男人认为自己应该从事传统上更具阳刚之气的工作：换句话说，一定要做工厂里的工作，特别是对于白人男性来说。但另一个障碍可能是，他们的女性伴侣也认为这些工作与男性伴侣的尊严不相称。社会学家奥弗·谢朗发现，即使一个失业的中年职业男士愿意从事传统上属于"女性行业"的低薪工作，他的妻子往往还是会鼓励他继续寻找工作。[22]与此同时，完全处于失业状态的男性（相对于有工作或者虽然没有工作但积极找工作的人）的比例已经翻了一番——从1950年的15%上升到2018年的30%出头。[23]

关于现代美国男人（主要是白人）的男子气概危机，已经有很多研究。在许多社区，特别是在农村社区，越来越多的白人男性不工作。他们患抑郁症、依赖药物（特别是依赖阿片剂），自杀的风险也在增加。除了其他的解释之外，这似乎可以理解为是价值危机的结果：在这种社会环境下，男性找不到感觉有意义的社会角色。事实上，护理工作不仅需要做，而且是很有意义的，这样的工作本质上没有剥削性，和很多传统的、被认为有男子气概的蓝领工作相比，还有其他优势：一般来说，这种工作对身体和环境的伤害往往更小。在这种情况下，男性的应得权利感不仅伤害了其他弱势群体，也伤害了男性自己，并阻碍解决岗位供需之间的差距问题，这些岗位空缺急需填补。

如果说，男性常常觉得自己有权从事某些有偿工作，那么与女性伴侣相比，他们也觉得自己有权享受更多的休闲活动。正如达茜·洛克曼所指出的那样，多项研究发现："工作时间长的父亲，其妻子会承担更多的育儿工作；而工作时间长的母亲，其丈夫会睡得更多，并且看很多电视。"[24]

这就回答了男性在带薪工作之外如何安排时间的问题。但是先有鸡还是先有蛋的问题仍然存在：男人家务做得这么少，是因为他们比其女性伴侣参与更多的休闲活动吗？或者说，他们是为了少做家务才去参与更多的休闲活动吗？

当杰玛·哈特利的丈夫罗布被解雇时，他们约定由他来接管早晨的日常家务，以便她能写完手头的书。她描述了做出这个安排大约一个月后的某个下午：

> 当我从家里的办公室出来时，两岁的孩子还没有吃午饭。我慌忙给他做了拉面，然后迅速安顿他睡觉，而罗布则换上了他的骑行装备……乱放的涂色书、蜡笔、记号笔、打印纸……铅笔屑，还有一本从图书馆借来的书摊在餐桌上，我不敢看里面成了什么样子。有两种颜色的动力沙（kinetic sand），都一小块一小块地散落在原来装沙子的托盘外面，满

126

地都是。早餐吃完后没洗的盘子，碗里吃了一半的食物，还有木头桌面上已经结块的牛奶……屋子不只是有点乱，简直就是一团糟。

当哈特利在努力收拾烂摊子的时候，她的丈夫出门骑山地车去了。《受够了》一书明确指出，这种情况绝非罕见。

詹西·邓恩的丈夫汤姆也很喜欢骑自行车：在他们的女儿西尔维还是个婴儿的时候，他就养成了长途骑行的习惯。邓恩的这本书有个不太吉利的名字，叫《有了孩子后如何不恨你的丈夫》（*How Not to Hate Your Husband After Kids*），与洛克曼和哈特利的书相比，这本书没有那么学术。它的读者对象也比较特殊：不是那些行为可恶、做事不公的男人，而是他们的女性伴侣，她们得想法子不去讨厌自己的丈夫。尽管邓恩和她的丈夫都是报社的自由撰稿人，有着差不多的日程安排，但他却只做 10% 的家务。邓恩写道：

> 我倒也希望他这 10% 的努力就够了，但事实上远远不够。我觉得他就像是我开的酒店里的客人。我一直抱着沉默的女权主义者的态度，看他会不会多做点事帮帮我。那个 10% 从未改变过。更让我不满的是，每个周末，汤姆总能够像个快乐的单身汉一样晃来晃去。对他来说，一个普通的周六首先是和朋友们踢一场足球，或者是骑五个小时的自行车（他似乎是在我们的宝宝被剪断脐带那一刻就开始了耐力运动，剪断脐带的声音就像是发令员手中的枪，让他赶紧跑）。运动

好之后，他会悠闲地洗上 20 分钟的澡，吃一顿晚早餐，睡上一个长长的午觉，然后把各种期刊翻个遍。而与此同时，我却在当车夫，把女儿送到各个生日聚会和小伙伴那里。周末的晚上，汤姆不和我商量就去和朋友们聚会喝酒，他就那么轻轻松松地出门了，认为我会搞定孩子洗澡和睡觉的所有事情。[26]

  邓恩想知道，鉴于她"之前允许这种模式存在"，她现在这样对出现的后果感到愤怒是否公平。在我看来，她的愤怒当然是公平的，因为她的丈夫确实是那个做了错事的人。邓恩和她丈夫在那期间去咨询过一位波士顿著名的婚姻咨询师和治疗师——特里·里尔，他对他们的情况也毫不客气地做出了和我类似的判断。要想听到里尔的判断和分析，那可是要付出每小时 800 美元咨询费的。里尔让他们描述一次典型的争吵。邓恩说，有一次汤姆去意大利的乡村骑车旅行，为的是给杂志写一篇文章。回到家后，由于时差原因他睡了整整两天，邓恩只能一个人管孩子。等到汤姆终于睡醒后，邓恩很生气，对着他大吼大叫。"我来告诉你我怎么想，"里尔对邓恩说，"我站在你这边。"[27]

  治疗师也并没有为邓恩在对丈夫的"自私和娇贵"（里尔是这么说的）做出反应时的一些行为开脱。事实上，里尔甚至毫不客气地指出邓恩使用了语言暴力（她经常骂汤姆"混蛋"和"笨蛋"）。但里尔也明确判定说，虽然邓恩表达愤怒的方式可能不可取，但她的愤怒本身是合理的。里尔对邓恩的建议是，"情绪多变的女人通常会觉得别人不听她的意见"。[28]

最近的研究表明，男人之所以能做这么少的家务而不受指责，部分原因可能是人们对异性伴侣中女性的要求高于男性。[29]也就是说，女性更容易因为家里乱七八糟、孩子穿着怪异，或者在每个上学日没有给孩子准备完美的便当而遭到羞辱、受到指责。[30]另一部分的原因也许是，即使男人家务事做得少得可怜，但相对而言，他们都是好人。正如洛克曼所说的：

> 虽然近几十年来，双亲家庭中父亲的参与度有所提高，但也有越来越多的家庭是没有父亲的。显然，那些能坚持在身边爱护和照看孩子的男人，不应该遭人诟病。[31]

在好男人的标准总体上如此低的情况下，人们禁不住会把在场的男性伴侣和父亲，与不在场的男性伴侣和父亲做比较，并且认为前者在道德上令人钦佩而非有所不足。另一个令人反感的比较是：现在的父亲所做的事情远远超过了他的父亲通常所做的。现代父亲的平均参与度的确远远高于前人。但是，重要的是，我们要明确一点，这里要做的是一个道德上相关度最大的比较：男性伴侣和女性伴侣。从这个角度来看，女性仍然负担过重，而男人却往往没有尽到自己应尽的责任。这种情况现在尤为严重，因为男人的女性伴侣如今更有可能拥有水平相当的收入，从事同等时间的有偿劳动。[32]所以，既然其他方面都是平等的，她为什么就应该比他承担多得多的家务呢？答案当然是：不该如此。

尽管如此，像詹西·邓恩这样的女性也并非很容易就认识到这一点。在他们长达五小时的马拉松式治疗过程中，里尔问她和她的丈夫，既然他们有类似的职业角色和责任，为什么不平摊家务呢？他指出，只有五五对半开才是公平的。有趣的是，这时邓恩开始为她丈夫找借口了，她小心翼翼地说："不过，我觉得五五对半开对于男人来说是有点困难。"里尔回答说："我们现在说的不是男人，我们说的是汤姆。"接着：

> ［里尔］问汤姆如果平摊家务是否有困难。"呃，有时候会有点混乱，我……"汤姆还没说完，里尔就打断他。"行了，我知道你在说什么，"里尔说，"惯性、懒惰，还有就是觉得自己有这个权利。但是这种想法很愚蠢。"[33]

这次交谈也让我们看到了男人经常可以少做家务而不会受到指责的另一个原因：许多女人在不知不觉中附和并认可了男性伴侣那种错误的应得权利感——他们认为自己有权享有她的劳动，有权享有闲暇时间。尽管她很沮丧，但她传递给他的信息是含糊不清的，而且她还不愿意坚持做出更公平的安排。她表现出对男性施害者的同情——过多地或不恰当地同情一个对女性受害者有厌女行为的男人，或者说，我现在想补充一点，一个认为自己可以心安理得利用女性受害者的男人——即使她自己在这种情况下就是他的受害者。邓恩写道，他们的咨询刚开始的时候：

> 让我非常尴尬的是，我突然泪流满面。"我想对汤姆好一点，"我抽泣着说，"但我也希望他能多做一些家务，不要

让我一个人做。"我揉了揉眼睛。"我涂了睫毛膏，我看上去是不是很傻？"里尔把一盒纸巾推到我面前。[34]

邓恩还回忆了里尔在批评她丈夫时她的情绪状态：她同情他，甚至想保护他，"我插嘴说，和女儿在一起时，他非常无私、善良、细心"。当然，这些美德都是有益的，但正如里尔指出的那样，现在的问题是汤姆应该如何对待邓恩，而不是他如何对待他们的女儿。而且，鉴于这个问题面临的严峻现实，她的同情肯定是错误的，但这也是可以理解的——而且还与他们的问题密切相关。当一个女人把以牺牲自己为代价去照顾别人作为应尽义务，并且还把这种义务内化时，这会给她的情感和行为带来副作用。她很可能因为要追究男性伴侣的责任而感到内疚和羞愧——而且，正如洛克曼所指出的，她会对他产生过度的感激之情，即使是在远没有达到公平的情况下。[35]

那么，这里的部分问题可能是女性的应得权利感——或者说是缺乏应得权利感。有些女性也许觉得自己没有权利要求公平的家务分工，没有权利拥有和丈夫一样多的闲暇时间。或者她们可能觉得在理论上她们有这个权利，但在现实中却无法坚持，因为周围的社会力量告诉她们不要坚持，要永远"一个人来承担"。在《有了孩子后如何不恨你的丈夫》中，詹西·邓恩甚至觉得自己没有权利吃饼干盒里完整的、未碎的饼干。她把碎饼干吃了，把整块的饼干留给丈夫和孩子。在书的结尾处，她学到了一件事：

你不必总是吃碎饼干。

我不得不做的、最困难的事情之一是养成自己的一点应得权利感，并且承认我需要有人帮忙做家务，需要休息和闲暇时间。我很难摆脱随之而来的愧疚感，我会觉得，不管怎么样我都应该能够处理好所有的事……[但]当我有了属于自己的时间后，我又复活了，可以做一个我想做的那种母亲。通过照顾自己，我成为一个能更好照顾别人的人。[36]

虽然这可能是一种进步，但这里的表达还是有一点让人难过。一个女人有权从男性伴侣那里得到的不仅仅是"帮助"或"支持"，她完全有权为了自己去享有和他一样多的休息时间和闲暇时间，而不只是为了成为一个能更好照顾别人的人。[37]

对于邓恩来说，她写这本书的 14 个月，也是她为自己的婚姻努力的 14 个月，在这 14 个月结束时，丈夫的投入仍然少得令人沮丧。在书的结尾部分，她为处于相同处境的女性列出了一些好的建议，包括接受婚姻咨询。（邓恩写道："特别是，找到一个对你丈夫大喊大叫的治疗师：'别以为什么都是应该的，整天指手画脚的，什么都不做，帮她一起做家务！'"[38]）除了讨论明显困扰他们婚姻的男性应得权利感外，这本书的很多地方也深入探讨了一些能解决其他不那么紧迫的问题的建议。其结果是采取一个格蕾琴·鲁宾*式的夫妻幸福计划，而不是进行平等改革。邓恩和她的丈夫进行了各种各样的练习——从"性试验"（连续10天做爱，其理论是做爱次数越多，你就越想更多地做爱）到清理他们的公寓，再到让他们的女儿参与家务。她甚至鼓励汤姆采用美国联邦调查局官方的"劝降"策略来缓解她的愤怒。同样地，在我看来，无论她的表达手段是否可以接受，她的愤怒是有道理的。最后，她叙述说，汤姆已经习惯了每周做一顿晚餐；他偶尔会带女儿去公园玩45分钟；他有史以来第一次参加了家长会；他还带女儿去看医生。邓恩写道：

> 我不在乎我们不平等——我感觉获得了支持，这种感觉很重要。我会因为汤姆的一些主要是象征性的表示而感动，这让我感到惊讶（有时也有点沮丧）。他不需要真的和我一起做很多事。[39]

现在，邓恩仍然是"不太甘心的家务管理人，而且很可能永远如此。我仍然必须不断地坚持，平静但坚决地要求汤姆在家里做他该做的事"。[40]据她的报告，他仍然没有这样做。尽管如此，邓恩在书的最后还是表达了对他的深深感激："最重要的是，我永远感激我的丈夫汤姆。一想到你对我有多么重要，我就忍不住伸手去拿一盒纸巾。"[41]

---

* Gretchen Rubin，一位经常讨论幸福和人性的作家，作品包括《纽约时报》畅销书：《四个倾向》《比以前更好》《幸福计划》《在家更幸福》。

第八章　不要质疑男人

关于女性有表达认知的权利

2019 年 2 月 9 日，《卫报》在推特上发表了一篇题为《我和我的外阴：100 名女性全盘托出》的文章。[1] 这篇文章介绍了劳拉·多兹沃思拍摄的一系列私密照片，她拍这些照片是为了让人们消除对外阴的羞耻感，帮助人们了解女性的外阴。她的拍摄对象包括顺性别女性和跨性别女性，也包括拥有相关身体部位但性别不明的人士。文章发表不久，一名男子觉得应该对文章的标题评论一番，这位名叫"保罗·布伦博士"的人在推特上发表意见说："正确的词应该是'阴道'。"很快就有人纠正了他的说法，而且为数不少："外阴"在外部解剖图上当然是正确的说法，"阴道"是通往子宫的内部器官，相对来说比较难拍摄。一些权威人士也纠正了他的说法——比如妇科医生。[2] 就连 Dictionary.com 网站也站出来解释——他们在推特上写道："哦，事实是这样的"，然后加上一个关于"外阴"定义的网址链接。[3]

即便如此，保罗·布伦还是没有善罢甘休。他不依不饶，坚持认为他的用法才是正确的。他写道（那篇推文已经删掉）："我认为最近那种试图用'外阴'代替'阴道'的做法很矫情。"[4]有人指出他这是一个特别恶劣的"男人解释"（mansplaining）的例子，面对这个合情合理的指责，布伦仍然顽固不化。"这里用'男人解释'这个词不对，"他跳出来说，"我并不是想让这个词合法化，但根据它本身的定义，它不仅仅是指男人在解释东西，即使有些听众是女人。"[*]

布伦说"男人解释"不仅仅是指男人在解释什么东西，他这么说并没有说错。他的推文确实更符合"男性说教"的深刻本质。"男性说教"的典型行为是一个男人自以为是地向一个或一群更专业的女性说话者不正确地"解释"——用一种过分自信、傲慢或盛气凌人的态度，即使是在很有权威的人指出他的错误后，他仍然不肯让步或承认错误。所以，要了解什么是"男性说教"，保罗·布伦的推文就是一个完美的例子（事实上，他事后的狡辩更证明了这一点）。

可能会有争议的是，一个有点偏离这个范式的行为是否仍然算是"男性说教"。和自然语言中大多数词语表达的概念一样，"男性说教"这个词的引申义可能有点模糊，而且会随着时间的推移而改变。（在这种情况下，我愿意把这里的关键问题理解为：我们应该怎样理解这个词？应该如何对其进行最有效的定义和理

---

[*] 关于"mansplain"的注释请参见第一章"创伤永难抚平"。这里为了保留下文中保罗·布伦对该词的字面理解，译为"男人解释"，其他地方仍采用"男性说教"的译法。

解？）[5]但就我们这里的讨论而言，我更感兴趣的是，是什么样的态度导致了"男性说教"形成并长期存在？[6]简而言之，我的回答是应得权利：和认知有关的应得权利，涉及知识、信仰，以及对信息的占有。

特别要说的是，我相信"男性说教"通常源于那些男性说教者身上无端的应得权利感，他们在对话中自动地占据知情人的位置：成为提供信息、提出更正、做出权威解释的那个人。如果他并没有这样的资格，那他这么做就很让人反感了：其他人，即女人，恰好比他知道得更多，而且他应该预料到这个可能性，而不是想当然地认为自己从一开始就拥有在认知上的优越性。例如，保罗·布伦博士就应该预料到，那个拍摄了一系列照片、随后又接受"我和我的外阴"的采访的女人——劳拉·多兹沃思——当然知道这个用来指称其作品主题的正确术语，更何况，那是她自己的身体。[7]

在前文中，我介绍了米兰达·弗里克有关认知不公的概念——具体来说是"证言不公"。这个概念指的是，由于在相关知识领域（例如，她的身体体验、疼痛、疾病等），人们对社会群体中的某些成员（例如，黑人女性）存在歧视，她的话没有得到应有的信任。作为那个领域中的知情人，她遭到了不公平的反驳或无视。我在这里介绍的"认知权利"*的概念显然与"证言不公"的概念密切相关，它们虽然不同，但又是互补的。"证言不公"

---

*   epistemic entitlement，也可译为"认知资格"。

表现为，处于弱势的说话者被不公平地忽视——通常是在她试图提出自己的观点后，而"认知权利"则表现为，一个有特权的说话者专横地认为自己有更大的话语权。[8] 这样理解的话，我们就可以看到，"认知权利"是"证言不公"常见的前兆和原因。[9]

在其他情况下，认知权利的表现可能会导致处于弱势的说话者决定在谈话中不发表意见，虽然她原本想发表意见，而且这个意见是恰当的。这种情况就会经常构成哲学家克丽丝蒂·多森所说的"证言窒息"（testimonial smothering），即说话者预判到，她的话不会被合理接受，反而可能使她处于"不安全或危险"的境地，于是选择自我沉默。[10] 这种情况之所以发生，可能是因为其证言中的某些具体内容从她这样的说话者嘴里说出来就是不安全或危险的。她选择自我沉默，可能是因为像她这样的说话者如果敢说任何话，或者敢打断男人的夸夸其谈，就会陷入不安全或危险的境地。一个男性说教者几乎是不容被打断的。

丽贝卡·索尔尼特在其经典而又振奋人心的文章《男人总爱诲人不倦》（"Men Explain Things to Me"）中，讲述了一件非常能说明问题的事。（索尔尼特自己并没有创造"男性说教"这个词，她只是表达了对这种现象的某种矛盾心理，但她的文章为这个词的诞生，以及后来的很多讨论提供了启示。）有一次，索尔尼特和一位女性朋友去参加一个晚宴，晚宴后，那位年长而"尊贵"的男主人劝她留下来谈谈她的写作。他和蔼地对她说："我听说你写了两本书。"听到这句话，她壮着胆子回答说："实际上，是写了好几本。""你写的是什么内容？"他用一种高高在上的语气问她。索尔尼特后来说，他的语气"就像是在鼓励朋友家的七岁小女孩描述自己怎么练习吹笛子一样"。不过，她还是觉得应该回答，于是开始描述自己当时刚出版的一本书，写的是英裔美籍摄影师、电影先驱埃德沃德·迈布里奇的故事。但她并没有机会好好说话。索尔尼特回忆说：

> 在我提到迈布里奇的名字后，他很快就打断了我的话。"你听说过今年刚出的一本关于迈布里奇的重要作品吗？"我已经陷入他指派给我的小女孩角色中无法自拔，我很愿意接受这种可能性：有另一本相同题材的书与我的书同步出版，而我却没注意到。他已经开始谈那本非常重要的书了——他的眼睛凝视着某个模糊而遥远的地方，陶醉于他自己的权威之中，他脸上那副自鸣得意的表情我实在是太熟悉了。[11]

索尔尼特的女性朋友很快意识到，他说的那本非常重要的书其实就是索尔尼特写的。有那么三四次，她想要说话，但那位说教者没让她插嘴。等到他最后终于听到这个信息时，他的脸沉了下来，脸色变得铁青。索尔尼特写道：

> 我确实是那本非常重要的书的作者。他其实并没有读过那本书，只是在几个月前的《纽约时报书评》上看到过评论，现在知道这一点，一下子把他原先已经归整好的世界打乱了，他惊讶得说不出话来——但也就闭嘴了那么一会儿，很快他又开始了高谈阔论。

索尔尼特在这里让我们深刻了解了"男性说教"的性质，其中最引人注目的是，在这次对话中，两位说话者都被分配了难以挣脱的角色。索尔尼特的宴会主人当然是权威，而她自己是那个天真幼稚的人——"用某种表达受孕的淫秽隐喻来说，我是用来装［他的］智慧和知识的空器皿"，她这样写道。由于这种社会关系在起作用，要想改变他们之间对话的进程非常困难。即使是索尔尼特的女性朋友想要干预，这种干预能力也受到严格限制。如果没有她这个积极干预的局外人，我们不知道会不会有人来更正这个错误信息。在一定程度上，这将取决于索尔尼特是否有勇气告诉他，这本书其实是她写的——她自己也指出，作为一名优秀的多产作家（更不要说还是一名白人女性），相比较而言，她本应该更有鼓起勇气的可能。但对于我们中的很多人来说，这并非易事，包括我自己。还有至少同样重要的一点是，这还要看索尔尼特是否愿意打破社交常规，冒着被人认为不懂礼貌的危险来维护自己。当然，就算她这么做了，也是合情合理的——她完全有这么做的权利。但他们的交流建立在男主人具有认知权利这个前提之上，现在这种认知权利发生了偏差，在最终知道自己的错误后，男主人的脸色变得"铁青"。她陷入冒犯、羞辱他的危险之中。不过，他只是暂时闭了嘴：在那个他不熟悉的领域被毫不客气地剥夺了认知优越性后，他很快开始解释其他问题。

这些事件有力地提醒女性："真理不是［我们的］财产，现在不是，从来都不是。"他们让我们要听话。当然，索尔尼特也坦率地承认，女性也可能会很傲慢，有时也会向更专业的人错误地做出"解释"。但这里的重点是，男性说教是系统性的，它是一个（更）广泛的系统的一部分。索尔尼特恰如其分地将这个系统描述为男性的"傲慢群岛"——我还要补充一下，这就是认知权利。

如果真理不属于我们，那么权威也不属于我们。听从女人的意见就不重要了，除非是作为某种手段——仅仅是一种表演，目的是安抚，或者也许是为了标榜自己的美德。当然，对那些在多个层面遭受多重压迫的女性来说，这个问题要严重得多，有时候是以独特的形式表现出来。特雷西·麦克米伦·科顿姆有一篇精彩的文章《六个女孩》，写到她数了数《纽约时报》专栏作家大卫·布鲁克斯和《纽约》杂志评论员乔纳森·蔡特当时在推特上各自关注的黑人女性人数，结果发现，他们每人关注了六个。只有六个，分别是总数 322 和 370 中的六个。麦克米伦·科顿姆写道：

> 一个聪明的专业人士竟然可以不需要读黑人女性的书，不需要采访黑人女性，不需要关注黑人女性，不需要想到黑人女性的存在。[12]

黑人女性不仅仅是没有得到重视，说到底，很多拥有过多认知特权的男性压根儿就没有注意过她们。

正如我们所看到的，有些人不知道是哪里来的自信，无所顾忌地维持这种认知的应得权利感；有些人则心存戒备地捍卫着这种权利感——有时候甚至表现出令人毛骨悚然、专横暴力的行为。其中，认知权利最阴暗的表现之一便是"煤气灯效应"（gaslighting）。

"煤气灯效应"的表达取自 1938 年帕特里克·汉密尔顿的戏剧《天使街》（*Angel Street*），后来以《煤气灯》（*Gas Light*）为名搬上舞台。[13] 这个舞台剧先后被改编成两部同名电影——一部英国版，一部美国版，两部电影都比原来的舞台剧更有名。但在我看来，原剧比任何一部电影都要丰富，所以构成我这里讨论的基础。

在舞台剧《煤气灯》中，杰克·曼宁厄姆似乎一心想要把他的妻子贝拉逼疯。他这么做的初始动机直到剧中第二幕才被明显揭示出来，但重要的是，他的行为从一开始起就是一目了然的，给该剧增添了一种压抑、恐惧、令人窒息的气氛。第一幕生动地描写了家庭生活中的恐怖氛围。曼宁厄姆先生经常会让妻子措手不及，打击她的自信心——在仆人面前羞辱她，不停地纠正她的错误，甚至指责她不该因为他说的话而感到焦虑，认为她的焦虑纯属莫名其妙，毫无根据。（曼宁厄姆先生："贝拉，你为什么要这么担心？我并不是要责备你。"曼宁厄姆夫人：[紧张地……]"不不不，亲爱的，我知道你不是要责备我。"[14] 不一会儿，他又继续责备——事实上是呵斥她。）

在长期极为残酷的一系列操纵行为中，曼宁厄姆先生经常藏匿家中的东西，然后责怪她弄丢了，通过这种做法，他让他的妻子相信她失去了理智，失去了理性能力。他不仅仅是让她为所发生事情的后果承担责任，还让她承担道德上的重担：他把她描

141

绘成一个招惹是非、充满恶意的人，而且还糊里糊涂的，有妄想症（他还痛心疾首地指责她故意伤害他们的宠物狗，把她描绘成一个残忍无情、有暴力倾向的人）。这一大堆的指责当然是没有根据的，贝拉·曼宁厄姆多次试图向她的丈夫指出，如果她真是糊里糊涂的，有妄想症，没法控制自己的行为，他就应该善待她，努力帮助她，而不是朝她发火。[15]但曼宁厄姆先生忽视了这一点，他也忽视了妻子为了得到他的善待而做的努力。她真的是无能为力，在家里完全受制于丈夫。在家庭之外，她一无是处，因为她的丈夫刻意把她与她的亲朋好友隔离开来。[16]因此，她别无选择，只能听命于他——即便如此，也无法平息他的火爆脾气。

曼宁厄姆先生的行为所产生的结果是，剥夺了贝拉自己陈述最基本的事实的权利感——他的这种可识别的虐待模式具有毁灭性，后来被称为"煤气灯效应"。为什么说这是一种虐待模式？原因在下文中很快就会谈到。在第一幕结束时，剧情可能略微让人失望，一个扭转乾坤的人出现了，一个侦探来看望她，最后告诉了她一个可以让她重获自由的真相，但非常可怕：她的丈夫其实是歹毒的悉尼·鲍尔，为了盗窃红宝石，杀了原来住在这栋房子里的爱丽丝·巴洛。15年前，他割断了爱丽丝的喉咙，让她永远不能说话。后来，他说服贝拉用她继承的钱买下这栋房子。侦探拉夫告诉贝拉这个真相时说，他怀疑鲍尔可能一直没有找到红宝石。也许鲍尔还在房子的顶楼寻找那些红宝石？那个顶楼一直门锁紧闭，她和仆人都进不去。贝拉意识到，他也许真的还在找那些红宝石：

曼宁厄姆太太：这听上去太不可思议了，[但是]晚上我一个人的时候，我觉得——有人在上面走路——[朝上看]就在那里——晚上，我丈夫出门的时候——我在卧室里听到声音，但我太害怕了，不敢上去——

拉夫：你告诉过你丈夫这些吗？

曼宁厄姆太太：没有，我不敢说。他会发火。他说我在胡思乱想——

拉夫：你难道从来没有想到过，在上面走路的有可能是你丈夫？

曼宁厄姆太太：我想到过——我就是这么想的——但我想自己一定是疯了。你快告诉我，你是怎么知道的。

拉夫：曼宁厄姆太太，还是你先告诉我，你是怎么知道的吧。

曼宁厄姆太太：是真的，是真的！我知道，我知道！ [17]

贝拉·曼宁厄姆在内心深处确实知道她丈夫偷偷摸摸地在楼上。她继续向侦探解释了自己的感觉：每天晚上，他表面上离开家，十分钟后（事实上，他会马上通过天窗偷偷地回到他们的阁楼上），煤气灯的光线会变弱。在他从前门进来的十分钟前，煤气灯又会恢复到原来明亮的状态。这意味着屋子里的某个地方肯定有另一盏灯被点燃，然后又熄灭了——因为在另一盏灯点亮时，会抽走一部分煤气，原来的灯就会变暗。但贝拉·曼宁厄姆被迫否认她知道的事情，连在自己心里也不敢怀疑。她丈夫彻底控制了她的认知，让她不敢怀疑他的行动，更不要说是怀疑他的动机了。他要维护自己的支配权，主宰她的现实条件，他的这种认知权利感如此强烈，以至她会因为自己对她那卑鄙无耻、撒谎成性的丈夫产生一点点怀疑而感到内疚。从戏一开始，像下面这样的对话就显示了她根本没有权利去怀疑他的想法是否正确，他的行为是否仁慈。在第一幕中，她满怀希望地壮着胆子说：

> 曼宁厄姆太太：哦，亲爱的杰克，你最近对我好多了。你是不是开始明白我的想法了？
> 曼宁厄姆先生：我觉得我从来就没有对你不好过，我对你不好吗，贝拉？
> 曼宁厄姆太太：哦，亲爱的杰克。没有不好，你没有对我不好。[18]

在整个剧中，她显然不可以质疑他的善意：这是一种特殊的残酷折磨。

因此，"煤气灯效应"除了认知维度外，还可能有一个独特的道德维度：通过各种方法，受害者可能会被有效地禁止对"煤气灯人"*的事件版本、他的叙述或他的观点提出质疑。[19]如果质疑他的权威，挑战他的知识，或者在某些问题上与他意见相左，那么，她就会在他们的关系中犯下滔天大罪。[20]正如哲学家凯特·艾布拉姆森在她关于"煤气灯效应"的开创性作品中所论述的那样，"无视或否定证据的人与'煤气灯

---

* gaslighter，为了与 gaslighting（煤气灯效应）保持一致，这里译成"煤气灯人"，指操纵别人的认知和情感的人。

人’之间的区别在于，后者连质疑的可能性都不能容忍”。[21]

严重程度与上述虚构的"煤气灯效应"故事不相上下的真实案件并不罕见。这些案例强调了一个事实，那就是煤气灯效应在家庭及亲密关系中是常见的现象。以凯尔·斯蒂芬斯为例，她是密歇根州立大学体操队众多受到队医拉里·纳萨尔[*]性侵的女孩之一。她曾被迫向他道歉，因为她向自己的父母举报他有性侵行为，玷污了他的名声。是谁逼她道歉？她的父母。她的父母！他们不仅不相信她（在这种情况下，已经够糟糕了），还因为她站出来举报而惩罚她，认为她冤枉了那个好心的队医——他对于所发生的事情的描述完全无可指责。而且，像许多这类"煤气灯效应"的受害者一样，斯蒂芬斯后来开始怀疑自己的记忆力。"我开始觉得自己被洗脑了。"在 2018 年 1 月审判拉里·纳萨尔的法庭上做证时，她说："就好像我从来没有指控过他，我觉得自己失去了对现实的把控，开始怀疑那些性侵行为是否真的发生过。"她会在脑子里把那些对她造成伤害的事情一遍遍地重播，努力重新找回对真相的把握——这样她才会记得自己没有说谎。[22]

最近热播的播客《卑鄙约翰》（*Dirty John*）对另一个真实的"煤气灯效应"案例进行了详细的探讨。约翰的受害者黛布拉·纽厄尔是一个年近 60 岁的离婚女人，在结束一段恋情后开始相亲。她在网上认识了一个名叫约翰·米汉的男子，对他一见倾心。他

---

[*] Larry Nassar，前美国体操队队医，在长达几十年的行医生涯中，以"医学治疗"为幌子对几百名女性进行性侵，受害者几乎都是未成年人。2018 年 1 月 24 日，密歇根州首府兰辛市法庭判决纳萨尔入狱 40 至 175 年。 2018 年 5 月 16 日，密歇根州立大学宣布，同意向遭到纳萨尔性侵的数百名受害者支付总额达五亿美元的赔偿。

细心、浪漫，而且她相信他是个薪水丰厚的麻醉师。在两人同居并结婚后，黛布拉发现新婚丈夫的经历几乎全是捏造的（她的孩子们早就怀疑了）。[23] 他并不是自称的麻醉师，甚至根本不是医生，而只是一个麻醉护士——并且早已不是了，他因为偷病人的止痛药而被吊销了执照（有些病人当时还在手术台上，因为止痛药被偷走而疼痛不止）。黛布拉和约翰第一次见面时，他刚服完盗窃药品罪的刑期——她当时对此一无所知，直到很久以后才知道。他长期对处方止痛药上瘾，而且和好几个女性都有过关系破裂的历史，包括之前的婚姻，她们都针对他申请了人身保护令。他是一个骗子，而且还不只是个骗子。许多见过他的人都说他的出现让他们感到非常不安，在其外表之下隐藏着暴力威胁。这里，我们大致可以看到他这个"卑鄙约翰"的绰号是怎么来的：

> 约翰会在交友网站上和女性搭讪，他经常用的网站是 match.com 或 Plenty of Fish[*]。在约会时，他会穿着医用手术服，假装是个医生。他会诱使女人给他发私密照，然后再用这些照片来勒索她们。他把照片寄给她们的家人，寄到她们孩子的学校里。加州尔湾市的一个女性告诉我，他下载了她放在 match.com 上的照片并粘贴在纸上，然后在她所住的小区到处散发，骂她是荡妇，说她破坏别人的家庭。法官给她批准了五年的人身保护令，不让他靠近她。他为了报复，也要求针对她发出人身保护令。住在洛杉矶波特牧场的一名女性告

---

[*] Plenty of Fish（简称：POF），加拿大的一家在线婚恋交友网站。

诉警察，他给她写了一封匿名信，暗示他在她不省人事的时候强奸了她，而且还拍了照片。他写道："我向你保证，你将成为我未来几年的大项目。你以为我在开玩笑？我要想尽办法毁掉你的生活。谢谢你的照片。"[24]

一位资深警察这样描写约翰："他是我见过的最狡猾的人……最狡猾、最危险、最有欺骗性。"

在发现了他手头那些暴露其可怕历史的文件（警察报告、人身保护令和监狱记录）后，黛布拉搬出了他们在加州纽波特海滩的豪宅。她躲在酒店里——一位她寻求过帮助的侦探建议她，为了不被他跟踪，每隔几天就要换个地方。在那期间，约翰因为要做背部手术住进了医院，并且因为肠梗阻而卧床不起。《洛杉矶时报》记者、播客《卑鄙约翰》主持人克里斯托弗·戈法尔讲述了下面发生的事：

> ［约翰］开始发一些短信指责她［黛布拉］，而她完全不明白他在说什么。他说她打了他，还从他的钱包里偷了一万美元。他威胁说要打电话向警察告她。他变得让她无法辨认……他曾经对她的美貌极尽赞美之辞，把她骗到了手。现在他开始诋毁她的相貌，嘲笑她的年龄，挖苦她到了59岁还在想方设法让自己保持吸引力。"结了五次婚，全家人都讨厌你。你想知道这次会怎么收场？你给我等着。你想知道这次你会有什么结局？你打了我。你还威胁我。"她答复说："你给我闭嘴，你这个恶魔。"

尽管黛布拉一开始态度很强硬，而且那些指责完全不符合事实，但因为约翰持续不断地把自己描绘成受害者，不知不觉中，她最终还是尽弃前嫌原谅了他。以下是黛布拉对事情经过的描述：

黛布拉：过了 23 天［当时他在住院］，我只是想当面问他为什么要这么做。我走进病房，他说那些事都不是真的，他是被陷害的。他说了好多次，告诉我他是被陷害才进了监狱。他求我原谅，说自己只是觉得，在拿到所有证据之前我无法理解他。

戈法尔：一切都只是一个大误会？

黛布拉：一切都只是一个大误会，他能解释所有的事，而且都很有说服力；他的话非常有说服力，所以我想"好吧"。当时，他真的说服了我，他不是那个坏人。

戈法尔：即使有那些文件可以证明他做了坏事？

黛布拉：是的，所有的事实就摆在我面前，但他非常有说服力……我也是爱他的，如果你爱一个人，你的耳根子会变得很软。你会感情用事，会失去理智。

戈法尔：你有没有问过他的绰号，"卑鄙约翰"？

黛布拉：他说不是这样的。他说："我不知道你是从哪里听来的。"好像所有的一切都是……他能说服我，他精于此道，就好比一个大冷天，他能说服我那是 35 摄氏度的热天，他就是这么厉害。到最后你只能怀疑自己。

戈法尔：难道他让你相信，所有那些关于他的事实都是你的幻觉？

黛布拉：是的，他让我觉得是这样……他是好人，其他所有人都冤枉他了，他是这么说的……他总是，总是有话说。他告诉我，他怕失去我才撒谎的，他觉得自己很幸运，因为我这么宽宏大量，他说我是他的挚爱，是我让他变成了一个更好的人。就是这些话……我有点内疚，我和他结了婚，而他进了医院，但同时，我又很害怕……

戈法尔：你说说看，为什么内疚？

黛布拉：因为我有过承诺，我许过婚誓——福祸与共，不论好坏。

正如上面的对话所显示的，让人质疑自己的理性能力，或者干脆认为自己疯了，只是一种想达到认知控制的方法，这正是我所说的"煤气灯效应"的目的。[25]（当然，这也可能是经历了上面那些事情之后产生的一种连带效应；黛布拉确实怀疑自己的判断，虽然还没有怀疑自己的理智。）就像这个故事里发生的一样，有时"煤气灯人"可能会设法让受害者相信他的故事，让受害者觉得宽恕他身上的罪过是自己从道义出发必须要做的事。[26]他可能会把自己描绘成其他人的受害者，或是他的受害者本人的受害者，而且在很多方面都处于弱势——在这里，约翰声称自己患有多发性硬化症（但没有证据），并有潜在的自杀倾向，他否认自己是一个有嗜杀倾向的疯子（事实上他确实是）。

通过唤起她的忠诚感或同情心来使她屈服，可以产生与让她怀疑自己的理性能力相同的效果，因为她出于某种不该有的内疚感，不会去质疑他编造的故事，无论多么不可信。他想暗示，如果她提出质疑，就证明她有严重的问题——无论是在认知上（她是"疯子"，有妄想症，是偏执狂），还是在道德上（她是个无情的婊子，对人不信任，缺乏宽容心，诸如此类）。结果是一样的：她应该是一个不会质疑他也不可以质疑他的人。[27]

因此，"煤气灯效应"的结果是，受害者错误地认为自己有责任相信他的故事，而不是自己的故事。她在认知上被支配了，甚至被"殖民"了，这种事情的邪恶程度一目了然。"煤气灯效应"不止于伤害别人，在得逞之后，还能让受害者无法说出自己受到什么伤害，是谁伤害了她。

约翰·米汉为了挽回黛布拉·纽厄尔，让她相信他那些牵强的谎言和借口，采用了各种常见的手段。他一次又一次地使用这些手段，甚至在她向他提出离婚之后。（他当时声称自己得了癌症，生命垂危。"我要死了，黛布，我在慢慢地死去。求你了，快想想办法，让我们能继续一起生活下去。"他给她发短信。"我过得不好，黛布。没有你，我过得很糟糕。我需要你。"）根据克里斯托弗·戈法尔的说法，这些可怜的自我描述完全符合"约翰对自己生活的叙述，他是永远的受害者"。事实上，在此之前，约翰在拉古纳海滩市至少还害过其他八个女人，他使用了许多与对付黛布拉·纽厄尔相同的手法。他想要从她们那里得到的一部分是钱，这是确定无疑的。戈法尔采访了律师迈克尔·R. 奥尼尔，奥尼尔试图帮助黛布拉·纽厄尔摆脱这种可怕的境遇：

戈法尔：他的目的是进入她们的生活，和她们结婚，然后获得她们一半的财产，对吗？

奥尼尔：不，他想要得到她们所有的财产……他认为，到最后他应该有这个权利。他有权得到所有的财产。

但正如我们所看到的，约翰·米汉的应得权利感远远超出了金钱的范围。事实上，敲诈那些女性受害者可能只是他的一种手段，一种控制女性的经济手段——他在控制女性方面可谓欲壑难填。这正是他如此可怕、如此危险的原因。戈法尔说：

在这些［关于约翰·米汉伤害女性的］故事中，可以看到他的施虐倾向和一意孤行的报复心。我们看到，他以掌握这些邪恶手段为乐，这似乎不仅仅是为了［勒索她们的］钱财，他似乎痴迷于羞辱任何违背他意愿的人。

撇开他喜欢的那些操纵手段不谈，"卑鄙约翰"在很多方面就是现实版的曼宁厄姆先生，而且在某些方面，他的动机至少更加明确。虽然他也想得到钱，但正如迈克尔·奥尼尔所说的，"他的终极游戏目标，就是游戏本身"。他下定决心要赢得这些女人的心，想到可能会输掉一场充满了诱惑、欺骗和支配的游戏，他觉得无法容忍。因此，鉴于他扭曲的视角，"煤气灯效应"是他用来解决眼前问题的一种独特方法：想办法让这些有独立判断力的女性维持一种幻象，以为她们自己拥有伴侣和对话者，同时又要破坏她们对抗他的能力。在播客的最后一集中，我们听到他对毁掉一个人、剥夺她的判断力毫无悔意——这一集详细地描述了他如何试图绑架并极有可能谋杀黛布拉的女儿泰拉。[28]但是，对于他的大多数受害者来说，他只是试图操纵她们，而不是采用更加粗暴的方式消灭她们，这么一来，他既能感觉到自己在吸引、控制和说服她们，同时又排除了被挑战的可能性。

正如凯特·艾布拉姆森所言，"煤气灯效应"通常是一个长期项目。要让对象产生一种认知义务感来支撑起"煤气灯人"具有操纵性的故事是需要时间的，通常也需要付出相当大的努力（虽然这种努力不需要有意识地以"煤气灯效应"本来想要达到的认知控制为目的）。[29]但是，认知权利也可能导致错误的认识，即认为其他人没有权利表达相反的或具有威胁性的观点，即使他们事实上完全有权利这么做。这可能会导致某个男人试图有计划地让某个女人永远闭嘴，或者仅仅因为她表达了自己的意见而一时暴怒。但即使是在后一种情况下，那些愤怒的片刻往往也会表现出一种具有暴力或威胁性的暗流。丽贝卡·索尔尼特注意到了这一点，所以她那篇有关男性说教的经典文章以一个看上去相对不那么可怕的事件开头，却以强奸和谋杀结束——一个女人因为试图为性侵犯的罪行做证而被永久禁言。[30]

不夸张地说，男人因为女人在网上发表意见而感到愤怒的例子俯拾皆是。我自己在很多场合也经历过来自男人的这种愤怒，已经渐渐地学会对这种厌女症有思想准备，并且学会容忍。即便如此，男人对我（以及对其他女孩和女人）的恶语相向有时候也几乎让我窒息。[31]在我写这一章的时候，澳大利亚的一个右翼电台主持人艾伦·琼斯对新西兰女总理杰辛达·阿德恩关于气候变化的观点提出了异议——长期以来，他一直发表仇恨女性的言论。[32] 在由各国领导人参加的太平洋岛国论坛上，阿德恩非常正确地指出，澳大利亚要"对太平洋［岛国］负责"，鉴于澳大利亚目前在气候问题上的不作为，这些岛国将因为海平面上升而受到破坏性影响。她还重申了新西兰将尽力实现在 2050 年之前将碳排放量减少到零的承诺。[33] 不出意料的是，这些言论引起了艾伦·琼斯的愤怒：研究表明，一旦涉及气候变化，保守的白人男性就会觉得自己特别有资格发表观点，无论这个观点多么不正确。他们的观点大意是，现在正在发生的事情并没有发生[34]（这种对基本现实的否认在某些方面，就是试图对地球实施"煤气灯效应"式的操纵）。

所以，琼斯的愤怒也许原本就是可以预料的，但他选择的表达方式却成了头条新闻。"她在这里宣扬全球变暖，还说我们必须为气候变化采取行动。"琼斯在他的电台节目上怒气冲冲地说，"我只是想知道，［澳大利亚总理］斯科特·莫里森会不会把袜子塞进她的喉咙里。"[35] 他希望用一个地位相当的男人来压制阿德恩。面对人们对这些威胁性言论的广泛谴责，艾伦·琼斯最初拒绝道歉，而只是试图以一种最不可信的方式来转移话题。他说，批评者故意曲解了他的话，他实际上是说阿德恩应该把自己的袜子塞进自己的喉咙里。他这么说并没有好到哪里去，也根本不可信。[36]

有那么一种男人，他不能或者不愿意面对那些和他观点不同的人，那些人表达的意见威胁到他对已经发生或应该发生的事情的认知。这种男人特别不能容忍女孩和女人表现自己合法的认知权利，不能容忍她们说这个世界上正在发生什么，或者应该发生什么变化，应该怎样进步。他们的反应不仅仅是对这么做的女孩或女人表示强烈反对，事实上，他们似乎常常缺乏能力或意愿，拿出任何理由来反对她。他们只是想让她闭嘴，或者，否认她所说的话有任何意义或优点（她是疯子，或者她是邪恶的，所以不管是哪一种情况，她说的任何话都不值得考虑），这么一来，她连表示反对的可能性都没有了。或者，这样的男人会想象出一个世界，在这个世界里，他和他的同伙们有能力逼她收回自己说过的话——在上面提到的例子中，是把什么东西塞进她的喉咙里，从而使她永远沉默。让人惊讶的是，他在整个过程中都有可能觉得自己是那个理直气壮——甚至是受了委屈的一方。

据《卫报》报道，澳大利亚反家暴机构"我们的守护"（Our Watch）的首席执行官帕蒂·金纳斯利表达了她对琼斯的"口头暴力威胁"的担忧——她指出，"语言具有创造环境的力量，在这个环境中，针对女人的暴力被认为是可以接受的，或者是合理的"。 金纳斯利明确地补充说："你可以与某人意见相左，但不要不许他们说话。"[37]

好吧，亲爱的读者，我想你可以做到这一点，但不是每个人都能做到。

第九章　女人不可当选

关于女性有获得职权的权利

　　继希拉里·克林顿在 2016 年的美国总统大选中意外败给唐纳德·特朗普之后，关于女人在这个国家的参选问题得到了普遍关注，并且成为迫切需要解决的问题——这是完全可以理解的。[1] 大量的研究表明，这些问题绝不愚蠢——虽然正如我们最终会在这里看到的那样，这些问题的答案很容易被操纵和误解。但涉及谁有资格掌握权力这个问题时，女性在许多（虽然不是所有）情况下都处于明显的劣势。鉴于对我们许多人来说，在 2020 年大选中击败唐纳德·特朗普已经成为一个最为紧迫的政治需要，如果我们还完全无视女性在选举中面临的重重困难，至少是面临比她们拥有特权的男性同行更多的困难，那么这就太轻率了。我们需要明确，是否有充分有力的证据，并质问这些困难是否会成为不可逾越的障碍。我们还应该质问，"可当选性"的机制到底对谁有利——这些问题要到后面才能解答。

在一项具有里程碑意义的研究中，马德琳·海尔曼与她的合作者让参与者根据人事档案里的信息来评价两个虚构的人物，一个是叫"詹姆斯"的男人，另一个是叫"安德烈娅"的女人。[2] 詹姆斯和安德烈娅都被描述为某航空公司的助理副总裁——这是一个具有明显男性特征的领导职务。研究者通过对调人事档案袋上的名字（每换一个实验参与者，档案袋上的名字就对调一下），这样可以确保参与者获得的这两个需要评价的人的信息在总体上没有实质性差别。然而，参与者对于男性领导者表现出明显的一致偏向。具体而言，当缺乏关于其能力的明确信息时，86%的参与者会判断"詹姆斯"比"安德烈娅"更能干——虽然在判断他们是否讨人喜欢方面没有明显的差异。当文件中包含明确描述他们出色能力的信息时（指出他们俩都是在该级别员工中排名前5%的人），结果发生了变化。这一次，83%的人认为"詹姆斯"比"安德烈娅"更讨人喜欢——虽然对于他们能力的评价并没有显著差异。有趣的是，将研究结果按参与者的性别进行细分后，结论并没有变化：男性和女性都表现出相同的偏见倾向。[3]

结论是：无论自己是什么性别，人们都会倾向于认为，在那些传统上由男性主导的重要职位上，男人比女人更有能力，除非有进一步的信息明确否定这一看法。而事实与此相冲突时，女性很可能会被人讨厌，特别是，会被人认为"对人有敌意"，在这个研究中，这个评价语的内容涉及诡计多端、爱出风头、自私自利、生硬粗暴、善于操纵、不可信赖。研究人员用"意想不到"来描述这个实验结果——他们还应该加上一个词：令人沮丧。如果这种偏见如此猖獗，女人怎么还有可能获胜呢？

还有一个证据可以证明女性面临的困难。在 2008 年美国总统大选前两年，研究人员戴维·保罗和杰茜·史密斯对可能的选民进行了调查。他们让参与者在三名共和党人（鲁迪·朱利亚尼、约翰·麦凯恩和伊丽莎白·多尔）及两名民主党人（约翰·爱德华兹和希拉里·克林顿）中考虑，会把票投给谁。在每场一对一的对决中，女性候选人总是输给男性候选人（不论是在党内还是两党间）。也许最引人注目的是，相当多的选民为了避免把票投给自己党派的女性候选人，而把票投给另一个党派的候选人——例如，民主党选民选择了共和党的男性候选人，而不是希拉里·克林顿。近几十年来，美国人强烈倾向于把票投给自己党派的候选人，鉴于这个倾向，他们的这个研究为"女人不可能赢"的假设提供了真实的证据，至少是在女性参加总统竞选的情况下。[4] 最近的调查结果为这一假设提供了更多（同样令人沮丧）的证据，调查显示，许多美国人（包括略微超过一半的美国男性）想到有个女总统时，仍然感觉"很不舒服"。[5]

当然，我们也有充分证据表明，女性可以赢得选举，包括在与男性对手的竞争中：这里仅举一例，在 2018 年美国中期选举中，当选国会议员的女性政治家的数量创下了历史新高。[6] 但社会心理学家推测，如果女性追求最高权力职位或者最具男性特征的权力地位，人们仍然会觉得她们令人讨厌。在一项研究中，那些被假设要竞选参议员的女性政治家基本上没有受到性别歧视，但如果明确地把她们描绘成野心勃勃追逐权力的人之后，情况就改变了——在这种情况下，性别产生的抵触效应 * 十分显著。此外，研究人员还指出，女性不需要采取太多行动就会被认为是在追逐权力：只要参加竞选总统就够了。正如他们所说，"在更加需要涉及命令、决策和权威的政治角色中（例如，美国总统、众议院议长），这种抵触效应更容易出现"。[7] 他们推测，类似的惩罚可能也会用在那些谋求更普通的权力职位的女性身上——例如，老板或经理，这些职位也被认为具有鲜明的男性特征。

所以，我们不能只满足于有大量女性被选入国会甚至参议院。我们要问的是：在什么情况下，人们能够更加心甘情愿地接受那些最普通的女性权力的形式？

海尔曼的进一步研究为帮助我们了解为什么有时候女性的权力可以被容忍，以及如何被容忍提供了重要启示。海尔曼和她的同事泰勒·冲本一起开始调查，为什么有人会对女性担任传统上由男性主导的职务有偏见。他们想知道，为什么"即使有明确的证据表明，女性在男性类型的工作中也可以成功，她还是会在工作环境中面临阻碍事业发展的问题——被人厌恶，在人际关系中受到贬损"。[8] 研究者们假设这类问题源于一种观念，那就是，如果一个女人能在这样的位置上成功，那她就一定是个没有"亲和力"或"团结精神"（communality）的人，即那种缺乏善于照顾人、亲社会的品质的人——如果女性缺乏这些品质，就会受到

---

*   backlash effects，指对违反常规的行为采取社会和经济报复。

158

严厉的惩罚。正如海尔曼和冲本所指出的那样，社会上普遍存在这样的规定，即"女性应该有亲和力，要表现出善于照顾人、具有社会敏感性这些特征，这些特征说明她会关心他人，例如待人友好，具有同情心，善解人意"。[9]正如我在本书中所证明的那样，这些社会规范对女性的要求远比对男性要苛刻。研究者还指出，女性根本不需要明确表现出自己有不关心人的特点就会被人认为没有亲和力，并因此受到惩罚。人们往往仅仅因为一个女性在具有男性特征的领导职位上取得成功，就会推断或假设她没有亲和力。海尔曼和冲本写道：

> 一些调查发现，当研究参与者只是被告知这些女性管理者事业成功（没有提供其他的行为信息）时，他们就会认为这些管理者缺乏能体现亲和力的良好的人际交往的素质，认为她们自私自利、狡诈善骗、冷酷无情、善于操纵……因此，要让人们对一个女人反感，似乎只需要告诉他们，这个女人在男性类型的工作中取得了成功，就足够了。[10]

有没有办法可以阻隔这种推断，让他们推翻这种假设呢？

可以做到。海尔曼和冲本决定使用与刚开始研究时使用的设置相类似的研究范式来调查这个问题，但有一个区别非常关键：在实验条件下，他们加入了暗示"詹姆斯"和"安德烈娅"都具有亲和态度的信息（而在控制条件 * 下，他们的这种亲和态度没

---

* 控制条件下的人被作为实验条件下的人的比较基础，因此有时也译作"对照条件"。

有被提及，而且两个人都被描绘成能力很强的人）。结果怎么样呢？在控制条件下，参与者不喜欢安德烈娅但喜欢詹姆斯的倾向仍然非常明显（从而重复了前一研究的结果）。但是，当参与者被明确告知安德烈娅的下属认为她"善解人意而且关心他人"，说她"鼓励合作和乐于助人的行为"，"努力提高自己员工的归属感"后，结果发生了翻转：参与者更有可能选择安德烈娅作为更理想的老板，认为她是两个人中更讨人喜欢的那一个，而且评价她比詹姆斯在人际关系中表现得更为友好。要记住，即使在这个实验中，詹姆斯也同样被描述成具有体现亲和力的特征，这个结果仍然不变。[11] 被认为具有亲和力对于女性求职者来说至关重要，但对于男性求职者却并不重要。对于有权势的女性来说，她们必须要表现出明显的友好态度，但对于她们的男性对手来说，这却无关紧要。[12]

因此，不能认为男性总统候选人肯定要比能力相当或者甚至比他更有能力的女性更容易获得支持。[13] 上述研究表明，在特定条件下，女性被认为有资格和她们的竞争对手一样，在这种男性主导的环境中掌权，或者甚至比他们更有资格。这是好消息，那么，坏消息是什么呢？坏消息是这些特定条件往往无法得到满足。对于很多女性候选人来说，要想在总统选举中被认为具有亲和力，不啻为一场艰难的战斗。

"色拉狂魔埃米·克洛布查尔曾经因为助手忘记拿叉子而对他大加呵斥"，这是一个长得让人喘不过气的长标题。[14]《纽约时报》上的一篇文章也曾经报道过这个故事，但题目要严肃冷静得多，叫"埃米·克洛布查尔如何对待员工"。那篇报道表达了对这个两周前宣布竞选总统的明尼苏达州参议员的合理关注，但在描述轶事时使用的语言几近下作。尤其是下面这段话：

> 参议员埃米·克洛布查尔饿着肚子却无叉子，情急之下耐心全失。
>
> 2008年，一名助手和她一起去南卡罗来纳州出差。这位助手拉着行李通过机场航站楼时为他的老板买了一份色拉，可是登机后他报告了一个不幸的消息：在到达机舱前，他在手忙脚乱之中把塑料餐具弄丢了，而这种短途飞机上机组人员没有叉子可以提供。
>
> 接下来发生的事情很正常：克洛布查尔女士当时就责备助手工作失误。再接下来发生的事情就异乎寻常了：据四位了解当时情况的人说，她从包里拿出一把梳子，开始用梳子吃色拉。然后她把梳子交给手下员工，命令道：去洗了。[15]

这篇文章的开头意味深长，它没有一上来就写文章后面提到的她那些在我看来更加令人不安的行为：朝助手扔东西，指使他们做不该做的分外之事，比如经常帮她洗碗。文章的开头是从助手的视角来讲述这件（十多年前发生的）事，而且看上去是在最大程度地表现参议员当时的尴尬之态。克洛布查尔对手下工作人员的行为显然是粗暴的，人们对此表达的担忧理应得到重视，但毫无疑问的是，这个故事也引起了人们的另一种不满，仅仅是因为他们无法忍受一个女性上司发火，无论其理由多么无可厚非，或者多么情有可原。更能说明问题的也许是，一些人认为克洛布查尔的这些行为应该立即引起公众关注，认为就该这样报道，但他们对男性政治家的相关类似报道却很少关注。例如，有一篇文章这样写道：

> 据一篇新的报道称，乔·拜登表面上看起来和蔼可亲，背后却是一副火爆脾气，这位前副总统经常对手下员工大发雷霆……他的一位前顾问告诉该杂志说，"每个为他工作的人都被他吼过"。
>
> 这篇曝光拜登坏脾气的文章和那些关于明尼苏达州参议员埃米·克洛布查尔的报道如出一辙。她在二月份宣布竞选总统，成为拜登 2020 年的竞争对手。[16]

虽然这些报道的内容如出一辙，但它们产生的反响却大不相同——这样的行为发生在拜登身上是可以接受的。

伯尼·桑德斯的一位前下属说，"他的粗暴态度令人难以置信"。在一篇发表于 2016 年桑德斯竞选总统期间、标题为《愤怒管理：桑德斯为员工而战，除了他自己的员工》的文章中，保罗·海因茨对桑德斯祖父般的形象提出了异议：

> 据一些多年来与桑德斯密切合作的人说，"脾气暴躁的爷爷"根本不足以形容他的坏脾气。他们说，这位参议员说话粗鲁、脾气暴躁，有时甚至充满敌意。虽然桑德斯一生中大部分时间都在为佛蒙特州的劳动者而奋斗，但他却不会善

待那些为他工作的人。

　　一位之前参加过竞选工作的人说:"作为领导,他的粗暴态度令人难以置信。"这位前雇员声称,自己经常忍受言语攻击。桑德斯的双重标准很明显:"如果他发现其他领导在工作场所做某些事,他不会放过他们,说你不能这样对待员工,但他自己就可以那么做。"……其他人也认同这位前雇员说的话,说桑德斯很容易发怒。一位在竞选活动中与桑德斯合作过的民主党内部人士说:"伯尼是个混蛋,他实在没必要那么混蛋。"[17]

　　然而,另一位男性总统候选人贝托·奥罗克自己承认,他对工作人员的所作所为也像个"混蛋"。在奥罗克宣布决定竞选总统之前,据一篇新闻报道,奥罗克竞选得克萨斯州参议院失败后曾拍摄过一部名为《为贝托加油》的纪录片,在片中可以看到奥罗克"大动粗口……抱怨要为媒体'跳舞',还对工作人员发火"。……奥罗克在纪录片中对他的高级助理说,"我知道我有时候很混蛋",那位助手对他说的这句话没有表示异议。[18]

　　与关于克洛布查尔粗暴对待工作人员的报道相比,这些关于拜登、桑德斯和奥罗克的文章几乎没得到多少关注,更没有让人感到惊愕。这很符合我们的发现,那就是,一个有权势的女性如果被认为缺乏亲和力,往往会受到严厉的惩罚,而她的男性同行如果有同样的问题则无伤大雅。无论人们认为我们应该多么严肃地对待总统候选人的这种道德失误,这里显然没有任何借口可以为性别的双重标准开脱。

假如没有那些负面报道，理智的人们对克洛布查尔在竞选总统的过程中是否能够得到更多支持仍然可能会有分歧。[19] 但另一位女性总统候选人的政治前途就是因为有人认为她缺乏亲和力而受到了阻碍，她就是纽约州参议员柯尔丝滕·吉利布兰德。[20] 吉利布兰德所谓缺乏亲和力的罪名和克洛布查尔的大不相同，但至少引来了同样的愤怒。在她指控明尼苏达州参议员阿尔·弗兰肯性行为不端后，人们普遍认为吉利布兰德是"为了自己的利益牺牲阿尔·弗兰肯"——这说明她不忠、奸诈、自私，是个机会主义者。[21] 弗兰肯在 2018 年初自愿辞职，虽然吉利布兰德只是要求他辞职的约 30 名民主党人之一，但对许多人来说，她是第一个提出让他辞职的人，所以她不可原谅。[22] 在 2019 年 8 月吉利布兰德宣布退出总统竞选后，《政客》杂志上的一篇文章对此做了很好的总结：

> 吉利布兰德一度看上去是一个非常合适，甚至可以说是一个胜算很大的候选人——虽然有缺点，但她有完美的选举记录和鲜明的女性主义观点，看起来可以成为唐纳德·特朗普的有力对手。但吉利布兰德因为敦促参议员阿尔·弗兰肯辞职一事受到批评，竞选还没开始就夭折了……在吉利布兰德周三晚上宣布参加竞选后几个小时，她和弗兰肯都上了推特的热搜，两个人的名字密不可分地联系在一起。
>
> 一个熟悉吉利布兰德竞选活动的人说："在筹款的时候，弗兰肯绝对会成为一个不利因素，人们会一直提到他的名字，没完没了地提。"希拉里·克林顿的前任通讯主管珍·帕尔

米耶里说，弗兰肯所经历的煎熬"毫无疑问"会对她产生"巨大的、超乎寻常的影响"。"在她的整个竞选过程中，都会有一股暗流，那就是人们会不公平地将弗兰肯的辞职归咎于她。"帕尔米耶里说，"这是一个拥挤的领域，对所有候选人来说都很艰难，没有例外，但这件事确实阻碍了她。"[23]

在某些人眼里，对一个女性领导者而言，阻挠一个男人获得大家认为他应该得到的权力，那简直就是罪大恶极，虽然有多份可信的报告都证明他在性行为方面不检点，为人好色，喜欢动手动脚。

在调查对有权势的女性的偏见时，海尔曼和冲本又进行了两项实验。在其中一项实验中，他们再次加入了能体现"安德烈娅"和"詹姆斯"的行为体现出亲和力的信息。但这一次，他们没有说明这种行为的动机，只是暗示这是在部门或全公司提出的一项更为广泛的倡议，因此"可能［仅仅］是为了履行工作职责才这么做的"。[24] 他们提供了两个类似的描述（这两个描述轮流用在"詹姆斯"和"安德烈娅"身上），参与者看到的其中一个评估对象的行为描述是："詹姆斯／安德烈娅在［某某公司］的最后一年期间，他／她为一位以高度重视员工关系而著称的主管工作。"关于另一个评估对象，参与者看到的是："近年来，［某某公司］提出了新的公司宗旨，更加重视理解员工所关心的问题。作为这项全公司举措的一部分，詹姆斯／安德烈娅……"在阅读了有关两位候选人体现亲和力的行为描述后，参与者像以前一样，继续完成评价。

如果知道安德烈娅对下属表现出关心和体贴，这是否足以让人克服不喜欢她的倾向，不再认为她在人际关系上表现不友好呢？并不能。当参与者无法判断安德烈娅体现亲和力的行为是否缘于其性格时，他们就会再次表现出之前研究中出现的明显的性别歧视（再次重复了那些研究结果）。[25] 只有在一个女人体现亲和力的行为可以明确归因于其稳定的性格特征或其真实本性时，她的这种行为似乎才会对她有利。

这并不会令人感到特别惊讶，但在一个认为杰出的女性政治家在任何情况下都不可靠的政治舞台上，这个研究结果给我们带来的启示却着实令人不安。好几位杰出的女性政治家都被人指责"假模假样"，不可靠，只是为了谋取权力。深受这些指责困扰的不仅仅是希拉里·克林顿，还有澳大利亚第一位女总理朱莉娅·吉拉德。[26] 在担任国务卿期间，希拉里的支持率一直居高不下，可是等到她开始竞选总统时，支持率出现了狂跌——这和媒体对她的描写不无关系，至少是一部分原因，媒体认为她对利比亚班加西人民的命运，以及对国家安全问题（指那些子虚乌有的邮件丑闻），冷漠得近乎残酷。朱莉娅·吉拉德成为总理之前在澳大利亚是一位相当受欢迎的政治家，可是她一担任总理后就被媒体普遍描绘成一个装模作样、自私自利、投机取巧、刻薄冷漠、背信弃义（因为她在党内竞争中击败了前总理陆克文）的人。[27]

在如今这个时代，关于任何公众人物的资讯都极其丰富，要想把某个杰出女性描绘成在某个时刻不关心人、不体贴人、不了解人的形象实在太容易了。我们不仅要警惕有人公然地对她进行性格攻击和诽谤中伤，甚至还要提防有人因为她得到过多的重视而深表忧虑，这种忧虑更加微妙，貌似合理。

如何正确看待这些观点是一个有些微妙的事情。具备亲和力确实是非常重要的美德，但我们在领导者身上还希望看到其他的美德，要求每个身居要职的人都要具有超乎寻常的亲和力（而不只是以合理的方式表现出亲切友好、善解人意、体贴周到等态度），既不现实也不公平。还有显而易见的一点是，如果我们希望女性具有亲和力的观点确实是合理的，那么，要想让男性也遵循相同的道德标准还遥遥无期。

另一个值得思考的复杂因素是，人们对亲和力的看法可能会因政治价值观而各不相同。例如，美国的左派普遍认为国会女议员亚历山德里娅·奥卡西奥－科尔特斯具有非凡的亲和力（我认为这是正确的看法），但在右派眼里，则完全不是这么回事，这从福克斯新闻和其他保守媒体对其行为所表达出来的惊愕就可以看出。同样的情况也发生在其他致力于环境保护事业及各种社会公平议题的杰出女性身上。

本章所探讨的权力关系有助于解释奥卡西奥－科尔特斯等女性公众人物所遭受的严重的厌女行为，即使是以针对女性公众人物的严苛标准来看，对她们的恶意也是相当过分的。[28] 左派越是喜欢她们（部分原因是她们在为子孙后代的斗争中表现出非凡的团结精神），右派就越讨厌她们——尤其是当他们认为这个女孩或女人伤害了别人的利益（注意：是他们自己的利益），质疑了他们的良好品格时。[29]

关于各种边缘化现象及性别歧视会如何影响人们对亲和力

的理解，这中间也有很多棘手的问题。例如，一个神经非典型者*或非常内向的人，可能不喜欢通过长期或广泛的人际交往来表现自己对别人的关心，但他们可能会特别关注道德问题，坚定地致力于社会正义。我们应该允许有表达亲和力的不同方式。

　　同时，我们一定要认识到，我们希望领导者具有亲和力，但不是要他们成为没有脾气的老好人。在某些情况下，他们完全有权利表现怒气甚至怒火。哲学家米夏·切莉和阿米娅·斯里尼瓦桑、政治理论家布兰特尼·库珀、政治评论员兼作家索拉亚·切马里和丽贝卡·特雷斯特都曾令人信服地提出过以上观点。[30] 如果我们对亲和力有细致入微的理解，就应该允许领导者自由地表达愤怒情绪——尤其是代表那些受到冤屈、压迫或被边缘化的人。伊丽莎白·沃伦最近给她的支持者们发了一封电子邮件，回应乔·拜登影射她动不动就发火，她的邮件主题栏里写的是："我承认我很愤怒。"她写道，鉴于在我们这个世界上最富有的国家所发生的不公正现象，我们应该感到愤怒。然而，"我们一次又一次地被告知，女人不能表达愤怒"。她指出："表达愤怒让我们在那些希望我们保持安静的权贵男人眼里失去了吸引力。"[31]

　　对于有抱负的女性政治领袖来说，即便她是一个真正富有爱心、善良体贴的人，可能还是很难改善公众对她的看法。而根据海尔曼和冲本的研究，照理来说，这样的一个人是应该因其具有亲和力而得到支持的。可见,她无法得到首肯的原因是多样的。

---

*　　neuro-atypical，神经非典型者是相对神经典型者（neuro-typical）而言的，用来指有自闭症或其他神经发展差异的人。

还有一点是，对任何人来说，不管是哪一种性别的人，要表现出自己真正具有亲和力可能并不是件容易的事。你怎样才能表明自己是真的关心，而不是单纯为了拍照才去亲吻婴儿？就这一点而言，要求她在任何情况下都不只是为了拍照而去亲吻婴儿，合理吗？考虑到一个政治家需要付出的时间和精力，期望她与竞选过程中遇到的每一个人都进行深入交流，几乎就是要求她在社交方面成为超人——某种雌性独角兽。

伊丽莎白·沃伦因给小额捐助者打私人电话而闻名，到2020年初，她已经和单个选民拍了大约10万张自拍。[32] 喜剧演员阿什利·妮可·布莱克在推特上开玩笑地问沃伦，是否有计划帮助她解决感情问题。沃伦回应说："直接给我发个邮件，我们一起想办法。"然后她真的安排了一个显然非常有用的电话。[33]

当沃伦的主要左翼竞争对手伯尼·桑德斯在竞选活动中突发心脏病时，她不只是和其他许多总统候选人一样给他发了短信，祝他早日康复，而是做得更好——桑德斯在医院康复期间，她还给他的工作人员送去了晚餐和饼干。[34]

"伊丽莎白·沃伦在星巴克排队点单时，总是很清楚自己想要什么，从不耽误别人的时间。"[35] "伊丽莎白·沃伦从来不问酒吧服务生'你们有什么威士忌'，她已经自己查看过酒架。"[36] "伊丽莎白·沃伦在人行道或地铁上从不占用过多的空间。她不享受特权，乐于分享公共空间。"[37]

诸如此类的推文一度在推特上广泛流传，反映出人们普遍认为伊丽莎白·沃伦是一个特别具有亲和力的人：善良、有爱心、有同情心、关注他人的需求，等等。根据本章中讨论的实证，这种看法有助于解释为什么沃伦在竞选总统期间大受欢迎，她在2019年10月之前一度在竞选中领先。[38]这也同样有助于解释她为什么会戏剧性地迅速出局——在早期的初选中，包括在她的家乡马萨诸塞州，她的得票率排名都不超过第三。[39]

这就是沃伦的结局，尽管她具有亲和力，尽管她可以说是民主党候选人中最有经验、准备最充分、最冷静、最聪明的人。她以计划周全著称，从如何应对气候变化到如何控制新冠病毒大流行，她都制定了详细计划。当她犯了错误时，比如为了确认自己（可以忽略的）原住民血统而接受DNA测试时，她不仅道了歉，而且从错误中吸取教训。[40]正如金伯利·W.克伦肖在推特上所说的那样：

> 我今天投票给伊丽莎白·沃伦，［因为］她倾听黑人女性的声音，理解"经济正义从来都不足以确保种族正义"，她敢于承认错误，她是个厉害娘们，［因为］我们现在看到一个没有计划的领导人会让多少人丧命。[41]

我非常同意这个观点。我可以开诚布公地说，下面这些话是我作为沃伦的铁杆粉丝而写的。她从一开始就得到了我的选票。[42]我认为她会成为一位杰出的总统，可是就在我写下这些文字的时候，她的竞选活动已经暂停，这让我感到很痛心。

但是，尽管人们对沃伦是否应该赢得总统候选人的提名有合理的分歧，她应该得到的结果至少应该比现在要好些——她输给了好几位白人男性竞选人，如伯尼·桑德斯、乔·拜登，有时甚至输给了皮特·布蒂吉格或迈克·布隆伯格，这样的结果真是让人感到意外甚至惊愕，尤其是考虑到她之前的受欢迎程度。[43]本章中讨论的研究有助于我们理解这个令人费解的结果。

关于一个人是否具有亲和力的看法很可能是摇摆多变的，因此，正如我们所看到的那样，如果需要，这些不稳定的看法就会构成对女性政治家的号召力具有危险性的一个方面。处于这种地位的女性面临着强大的双重束缚：一种情况是，你要表现出人们希望你具有的超乎常人的亲和力，但如果人们不可避免地对你的历史、观点或政治纲领的某些方面感到失望，你就会有失败的危险；另一种情况是，如果你不表现出超常的亲和力，你会冒更大的风险，你的竞选也许永远不会有任何进展，就像克洛布查尔和吉利布兰德那样。[44]

当然，沃伦在竞选总统期间也遭受了真正的厌女行为和伴随而来的性别歧视。她的义愤填膺让一些人感到讨厌甚至不安。（保守派作家詹妮弗·鲁宾发推文说："刻薄而愤怒的沃伦样子很难看。"[45]）因为身为女人，沃伦的教授背景让其他人憎恶。[46]还有一些人可能很喜欢她，愿意把她作为他们的第二选择，但首先会更倾向于男性候选人，至少是在投票站投票的关键时刻是这样的。有时，这很可能是上述性别歧视的具体表现（当然，并不是要否认有些人倾向于选拜登或桑德斯有他们合理的理由，这与他们的价值观有关）。[47]这种偏见往往是无意识的，而且可以在事后让它合理化——包括用"女人不能当选"这样的陈词滥调。（对此，不妨用那句印在T恤衫上的话来回应："如果你把票投给她，她就能当选。"这款衬衫还有一个未经审查的版本:"如果你该死的把票投给她,她就能当选。"[48])请记住,正如我们在本章中看到的,事实证明,这种偏见不仅仅存在于男性当中,也存在于女性当中,甚至还存在于那些仍然非常年轻的人群当中,例如千禧一代。[49]

但是,各种更为微妙的厌女行为可能也破坏了沃伦当选的机会。[50]当被逼问将如何实施全民医疗保险(Medicare for All)的细节时(被逼问的程度远甚于她的进步派对手桑德斯),沃伦最终宣布了一项全面计划,来扩大《平价医疗法案》(Affordable Care Act)的覆盖范围,她还宣布将在她入主白宫后的第三年通过一项全面的医疗保健法案,实施单一支付者系统(single-payer system)。[51]无论人们对这一计划有什么看法(就我自己而言,在如何具体实现重要的改革思想时,我倾向于在认知方面要有足够的谦卑感),沃伦因为所谓的倒退而受到了在我看来过于严厉的谴责。人们认为她在表达关爱(care)方面不够得力,这让她付出了惨重的代价,但这样的结果似乎并非偶然。人们会下意识地要求女性领导人在关爱别人方面做到尽善尽美——但如果她的男性同行有类似的失误甚至更糟糕的表现,却可以得到原谅。[52]

同样,由于沃伦在竞选的最后关头决定接受超级政治行动委员会*的资金,她似乎失去了相当一部分进步人士的支持。不管人们是否赞成她的这个决定,对于沃伦的潜在支持者来说,这

---

*　super-PAC,一种现代政治行动委员会,它可以从公司、工会、个人和协会筹集并使用无限制的资金,以影响州和联邦选举的结果。

至少不会明确地成为他们不再支持她的理由。但是，还是那个老问题，在坚定性和纯洁性方面，女性都会遭受性别的双重标准：在这方面，任何失误都会被无情地抓住不放。[53] 当然，她们的可信度也经常会遭到无端的怀疑。[54]

我们对女人的要求太高了。如果一个我们喜欢或尊重的女人让我们失望，哪怕是因为一些微不足道的、完全可以被原谅的事情，她还是会受到惩罚——往往是被那些自以为占据着道德制高点的人惩罚，他们认为自己对她的惩罚只是她罪有应得，而不是以道德说教为名在实施厌女行为。相比之下，她的男性竞争对手却不会受到如此苛刻的要求。桑德斯在 2016 年曾提出，拥有相对多数票的候选人应该自动成为民主党提名人，但到了 2020 年，他因为结果有可能对自己有利，改变了这个立场，然而他并没有因此受到惩罚。[55] 拜登也没有因为他模棱两可的公共选择健康计划（public-option health plan），或者因为他在竞选活动中讲述的那些被美化加工的故事而受到多少批评——更别提他还有剽窃别人演讲内容的历史。[56]

但在沃伦竞选期间，她失去支持的最关键一刻，可能是她和桑德斯之间罕见的冲突时刻。这发生在 2018 年 12 月他们会面的细节被披露之后，当时沃伦告诉桑德斯她正计划竞选总统。据沃伦身边的知情人透露，桑德斯说，他认为一个女人无法打败特朗普，沃伦后来也证实他说过这句话。但桑德斯坚决否认曾说过这样的话，他很肯定地说，他当时是说特朗普会把性别歧视作为武器来对付女性候选人。[57]

无论到底发生了什么——我们不知道两位候选人对事件的

说法是不是完全不一致——沃伦在这次冲突中因身份受到的伤害可能比桑德斯受到的要大得多。[58] 当一个女人挑战一位值得信赖而且德高望重的男人时，在其他条件相同的情况下，她很可能成为那个被认为不正确或不道德的人。而在这次事件中，更糟糕的是，人们还认为她是在发牢骚：指责桑德斯有性别歧视，尽管她从来没有提出过这种指控。除了这一点，人们还认为沃伦没有对桑德斯"友好相待"，背叛了进步派的事业，这些很可能都是她付出沉重代价的原因。人们根本无视从大体上来说关于话语权平等的分歧：两个人都认为对方没有说出全部真相，或者只是忘记了当时的来龙去脉。但是如果他指出她在说谎，人们往往会相信他。而如果她指出是他在说谎，人们就会认为她是在恶意攻击。在这件事发生之后，沃伦的推特评论区里出现的全都是代表蛇的表情符号，其象征意义显而易见：当一个男人和一个女人发生冲突时，她必定是毒辣阴险的那一方。

所有这一切都反映了一种普遍的意识，而且是厌恶女性的意识：与她们的男性对手不同的是，女性无权犯错，尤其是在所谓的体现亲和力的价值观方面；她们无权接受金钱；她们无权挑战男性同行的言论。虽然在某些条件下，她们有资格拥有权力，但她们没有资格主动追求权力，也没有资格从她们的男性对手那里夺走权力。如果不能直面这些事实，我们永远也不可能迎来一位女性总统。

我这里并不是充当马后炮去重复沃伦无法当选的说法。在初选的相关选票投出之前，未来仍然有各种可能性。但可当选性

机制 *有几个确证无疑的缺点。

首先，这是一个自我实现的预言：越多的选民被告知某个候选人不会获胜，这个候选人获胜的可能性就越小。说到底，可当选性并不是一个静态的社会事实，这个社会事实是由我们所有人不断构建的。[59] 2019 年 6 月的一项民调显示，当选民被问及在当天举行的选举中会把票投给谁时，乔·拜登处于领先位置，其后是伯尼·桑德斯。但是，当他们被问及如果可以挥动魔杖创造奇迹，他们希望谁能当总统时，伊丽莎白·沃伦以微弱的优势成为他们的最佳选择。[60]

于是，因为担心沃伦没有可当选性，一些人过早地放弃了她，尽管她是他们青睐的民主党候选人。对于女性来说，情况尤其如此。正如选举预测网站"538"的纳特·西尔弗 † 所说："很多女性可能不会把票投给一个女人，因为她们担心其他选民不会把票投给她。但如果每个人都把票投给自己真正想要的那个总统候选人，女人就可能会赢！"[61]

可当选性的说法也为另一些人带有偏见的不公平选择提供了方便的借口。它掩盖了一个事实，那就是，其他候选人的当选道路上可能有同样或更大的障碍，尽管原因不同。

在这次选举周期中，由于有如此强劲的女性候选人（以及

* electability framework，指的是被一党或特定地理区域看好的候选人，必须在全国范围内有被选上的良好机会。
† Nate Silver，统计学家、作家和网站 538.com 的创始人。2008 年美国大选期间他成功预测出 49 个州的选举结果，2012 年大选期间更是成功预测出全部 50 个州的选举结果。538.com 的名称来自美国选举团的选民人数。

有色人种的男性候选人[62]）参加竞选，人们对可当选性的担忧达到了前所未有的程度，这一点令人深感不安。在"我愿意投她的票，不过她……"这句话中的省略处，总是可以填上点什么东西。无论这个句子后面的内容是对她的能力、受喜爱程度，还是现在这个可当选性表示担心，这往往会成为借口，让人接受一个预设的结论：把票投给另一个白人男性候选人。在某些情况下，这反映了这个人自己无意识的性别歧视。在另一些情况下，则是以为别人有这样的歧视，所以想要迎合他们。[63]无论是哪一种情况，这都是保守主义的秘方。于是，它就成了一个集体的行动问题。如果只是因为她们的性别是女人，我们就在这种情况下过早地放弃她们，那么她们就永远不可能当选。而且，事实上，她们还会受制于厌女现象：这就是她们作为女人在男人的世界里无法躲避的一种障碍，某些人无论是出于多么善良的动机，都会扼杀她们的前途。

也许最为糟糕的是，可当选性的说法使很多人认为，在2020年民主党初选中投票给女性是一种自私的选择——鉴于特朗普重返白宫会带来生死存亡的威胁，投票给女性是对自己的党派不负责任。因此，那些最有可能被沃伦的政治理念吸引的人感到了良心不安：这些人重视团结的力量，他们可能愿意为了所谓的大局而牺牲自己的投票选择。

但有一部分大局应该是这样的：在现在这种情况下，我们有权把票投给我们认为最胜任这份工作的人。在我看来，这个人不是那个最近为与种族隔离主义者一起工作而辩解，还色眯眯地去闻一位年轻拉丁裔政治家头发的人，也不是那个在竞选期间心脏病发作但拒绝公开其健康记录的人。[64] 我选择的这个人是一个女人，她聪明过人，富有同情心，而且看上去已经对一切都做好了计划。

第十章　永远不要放弃

关于女孩的应得权利

　　我的第一本书《不只是厌女》是在绝望中完成的。"我放弃了，"我当时写道，"我多么希望能给人们带来多一点的希望啊。"我没能做到，我只能在书的结尾处承诺，关于自己为什么对让人们严肃对待厌女症问题，或者不管怎么样先承认这是个问题持悲观态度，我要认真做一个全面思考。

　　虽然希望还很渺茫，但我已经不那么绝望了。部分原因是，我认为在写第一本书时，我犯了一个认识上的错误。我把一些人的顽固不化与大多数人不愿意对女性面临的问题进行冷静的深入思考混为一谈。在这段时间里，我从许多读者那里了解到，他们已经准备好，甚至渴望与我一起思考这些问题，从而与之进行斗争，这让我感到惊喜，甚至震惊。当然，正如这本书前面已经表明的那样，否认和忽视厌女症存在的势力还很强大，这让人感到遗憾，但与此同时，我们也看到，努力抵制厌女症的力量也已经形成，并且正在加强。

我不再那么绝望的另一个原因比较个人化。这本书的大部分内容是在我怀孕期间完成的，这是我的第一个孩子，我开始觉得以前的绝望是一种奢侈——一种现在的我已经无法沉溺其中的奢侈。对于能否在不招致恶意抵制的情况下，在整个社会取得必要的女权主义进步，我仍然持悲观态度。[1]但放弃不再是一个可行的选择。我越来越觉得，无论结果如何，我们都有必要继续战斗。所谓希望，对我来说就是一种相信未来会更美好的信念，虽然我仍然心存疑虑。但是，为一个更加美好的世界而奋斗的想法（同样重要的还有为防止倒退而奋斗的想法）不只是一种信念，而是一种我能够共同参与、共同担负的政治责任。[2]

当我和丈夫得知我们将有一个女儿时，这种责任感格外强烈。我们很高兴，同时也感到惶恐不安。我们当然希望自己的孩子能够拥有一个美好的未来，这让我们难以冷静地接受厌女症的现实，以及导致厌女症的男性应得权利感。正如我们在本书中所看到的，由于没有给予男性他们被默许应该得到的东西，女性总是受到惩罚——不仅仅是因为他们过分自信地认为应该得到这些东西，而是因为整个社会结构都在允许、鼓励和支持男性的特权。作为父母，我们当然希望我们的女儿能有一个更好的未来。

同时，我必须承认，我们将要有个女儿——或者更准确地说，一个暂时还是个女孩的孩子[3]——这个消息让我稍稍松了一口气。要把一个男孩培养得自信、快乐，同时又要恰当地对待自己的特权，似乎是一个特别艰巨的道德挑战。很明显，我们不应该让任何一个孩子在成长过程中意识到自己可能会成为一个坏蛋，不应该让这种可怕的感觉困扰他的童年。如果走了极端，那将百害而无一益，是不道德的，甚至是一种虐待。所以，关于如何在这件事上取得正确的平衡，我和丈夫期待着向其他拥有必要智慧和经验的人学习。[4] 我们还需要学习如何处理没完没了的育儿问题，这些问题大多数是不分性别的。在这些方面，我不想以专家自居；事实上，在我生命的这个阶段，我根本不可能成为专家。

但在写这本书的过程中，关于我们的女儿应该享有哪些权利，我确实有些想法。这些是所有人都有权享有的东西，无论你是什么性别。然而，女性在社会中往往会觉得自己没有男性重要，事事不如他们，而且还觉得自己不配享有某些基本的善意和普通的尊严。正如我在书中所写到的那样，"应得权利"常常用来指某些人错误地认为自己应该得到的东西，或者是别人亏欠他们的东西。但是，即便如此，"应得权利"不是一个肮脏的词：应得权利可以是名副其实、合情合理的东西。

我认为，以准父母的视角看待这个问题会很有帮助，至少有两个原因。一个原因是，当涉及女人真正应该得到或未得到的东西时，人们很容易掉进指责受害者的陷阱里。在我们所处的这个不公正的社会性世界里，我很少会因为一个女人没有认识到她在道德上应有的权利，或者在得不到这些权利时保持沉默而去指责她。下面这两种做法是不同的：一种是充当马后炮，而且常常是评头论足地指出女人应该以某种方式坚持自己的权利；另一种是希望我的女儿和她的同伴们以一种前瞻性的方式获得维护自己权利的能力。当然，这并不意味着她总是能够安全有效地要求获得自己应得的东西：有一部分东西正是厌女症所控制和禁止的。但我希望她至少要清楚地知道自己应该拥有哪些权利，并有能力在条件许可的情况下维护自己的权利。如果她无法得到这些权利，我希望她能代表她自己，同时也代表那些处于弱势的人，明确地表达愤怒，并且采取行动去推动结构性的变化。

所以，我们应该聚焦未来，聚焦道德发展。我认为，我们还应该强调做出这些努力是道德发展的一个方面。了解一个人享有哪些东西与了解自己亏欠他人什么东西是密切联系在一起的——或者说，至少应该是这样。我们的女儿是一个白人女孩，父母是受过高等教育的、比较富裕的中产阶级，两个人都是顺性别者和异性恋者，而且基本上没有残疾。对她来说，除了其他很多东西外，能够认识到自己的这些特权至关重要。这已经超出了那些公认的重要任务，比如，教育她理解并接受人类的差异性、多样性和各种脆弱性。我们还应该告诉她，她有特殊的义务去保护和支持那些遭受各种形式的边缘化和压迫的人，虽然她自己可以幸免。举个明显的例子，在我们这个社会中，黑人和棕色人种在法律上和法律外都受到各种压迫，她有义务不去容忍这些行为，更不能参与其中。同样，她也有义务不像之前的许多白人女性一样，"放下身段"去剥削有色女性的情绪劳动和物质劳动。作为一个在各个方面都天生拥有特权的人，除了了解自己拥有哪些正当权利外，她必须始终知道，还有哪些东西是她无权去做、无权去说或无权依靠的。

那么，在应得的权利方面，我希望女儿知道什么呢？我希望她知道，她有权感觉到痛苦，无论是身体上的还是情感上的。在感觉到痛苦后，她有权大声哭喊或寻求帮助，她有权得到关心、安抚和照顾。我希望她知道，她有权让人相信她的身体需求和情感需求，和其他任何人一样，她应该得到照顾，不论是在医疗方面还是其他方面。

我希望她知道，她有权获得身体的自主权。当有人表达了想要触摸她的欲望时（是的，他们必须询问，而不是想当然地认为她是同意的），她有权选择是否被触摸，何时可以被触摸，以及如何被触摸。我希望她知道，拥抱和亲吻，无论出于怎样的善意，始终都是可以选择的。我希望她在任何人可能侵犯她的身体时都可以毫无内疚和羞愧地说"不"。到了一定的时候，我希望她知道，她有权完全控制自己的生殖能力，并且知道，要不要生孩子是她自己的决定，别人无权代替她决定。

我希望她知道，她的性别只是我们的一个假设，她完全有权告诉我们是我们错了。我希望我们的女儿知道，成为一个男孩或成为非二元性别者不仅是可行的选择，而且会在我们这个家庭中得到积极的接受和支持——我们会坚持斗争，让这个世界成为一个所有跨性别和非二元性别的儿童和成人可以自由发展的地方。

我希望我的女儿知道，无论是女人，还是非二元性别者，和男人一样，都有权在履行成年人的责任时得到别人的支持。我很欣慰，在她生长的家庭里，她很可能（甚至完全可能）看到她的父亲和母亲一样做饭、洗碗或者洗衣服。研究表明，那些父亲在家分担家务的学龄女孩往往会更有抱负——例如，她们会说自己想当律师或医生，而不是选择一条传统上局限于女性的道路，例如当教师、护士或是全职妈妈。[5] 即使父母双方都明确支持性别平等主义，但如果是母亲多做家务，上面的传统模式仍然成立：这似乎就是行动胜于雄辩了。无论孩子的想法会不会变成长期的人生目标或职业选择，这些至少表明，在性别分工方面，孩子们受到的潜移默化比我们想象的要多得多。

我希望我的女儿知道，她有权以各种方式使用和享受自己的身体：运动、演奏音乐、跳舞、获得刺激，以及表达喜悦、悲伤、恐惧或者哪怕只是傻气。我希望她知道，她有权吃得饱，有权占用空间，有权大声说话，有权享受那种不会因为自己的身体而难为情的感觉（这一点对于我只是一个梦想）。即使她还在我的肚子里，我都已经可以预想，如果谁让她对自己的身体感到耻辱，不管是因为体形、身高、是否残疾、身体特征等等，我都会心甘情愿地为她杀掉那个人。（要说明的是，我完全清楚我无权这样做。）

我希望我的女儿知道，人类的性行为有很多不同的形式——她有权成为异性恋、同性恋、双性恋、无性恋，等等。等到她长大后，我希望她知道，她有权尽情享受性爱，无论是什么形式，都不要有丝毫羞耻感或耻辱感。我希望她知道，她同样有权不带丝毫羞耻感或耻辱感地拒绝性。我还希望她知道——虽然这样写很残酷——她可能面临的任何虐待、骚扰或攻击，无论是性方面的还是其他方面的，在道德上都是应该深恶痛绝的。我还没有想好该如何告诉她有关男性在性权利和性暴力方面的现实，还没有想好要告诉她多少。在过去的几年里，包括在怀着她的时候，在写你手中正在读的这本书的时候，这些问题无时无刻不占据着我的意识。写到这里，语言已经不足以表达我的感受。[6]

我希望我的女儿知道，她有权利——有时也有义务——说出她的想法，面对不公正的现象要敢于站出来反对，哪怕这么做会让她身边的某些人感到不舒服。我希望她知道，她有权发声，这不容置疑。研究表明，在课堂上，男生被点名回答问题的机会比女孩多得多——这在科学、技术、工程和数学领域（STEM）更是一种根深蒂固的做法。[7]我希望她知道，这是极不公平的，哪怕常常是无心之过。我希望她明白，如果这样的事发生了，错不在她，而在于这个体制。我希望让她知道，她有权了解事物，有权向其他人解释，而不会因此受到攻击或专横的男性说教。当然，我也希望她能够善于倾听——认识和了解那些比她更加专业的人的知识。

我希望她知道，她不需要为了满足其他人的感情来改变自己的身体和思想——包括我们，她的父母。为什么"煤气灯效应"会如此险恶，甚至会出现在充满爱和善意、表面上一切正常的家庭里？我认为其中一个原因就是，父母没有给他们充分体验和宣泄情感的机会。诸如"你不许那么想"和"你不许那么说"的表达方式很容易让孩子感到生气或内疚，除非她把真实的情绪埋在心里。我希望让我的女儿知道，她有权表达愤怒、悲伤、焦虑，或者只是不确定感。

我希望我的女儿知道，她有权变得强大，必要时有权与他人竞争，包括那些享有特权的男性。我希望她知道，如果她真的胜出或超过他们，她完全有权获得比他们更有权力或权威的地位。我希望她成为一个善良而无畏的领导者。当然，我也希望她做一个优雅的失败者。我希望她能够有团结精神和利他思想。同时，我希望她觉得自己有权犯错，包括道德错误。我希望她知道，即使是在动摇的时候，她仍然是可爱的，可以得到原谅，而不是像其他许多女性那样。我希望她做好准备，在不可避免地犯了错误之后，能够充分而自由地承认、改正自己的错误。

我希望我的女儿知道，她在这些方面的权利和她的一些至关重要的道德义务密不可分：我们要积极纠正这个世界上的结构性不公正现象，这是所有人应该共同承担的义务，无论我们是什么性别。我们必须齐心协力，为打造一个美好的世界而共同奋斗。在这个世界里，女性能够得到我们的社会、法律和医疗机构的重视、爱护和信任；在这个世界里，女性的身体不会经常受到控制、性化、性骚扰、性侵犯和伤害，甚至被完全摧毁；在这个世界里，每个女性都能安全、自由地做自己，而不是被迫成为一个向那些被默认拥有特权的男性提供性、关心和爱的奉献者。当然，为了让我们这个道德社会里的所有成员实现正义，这些还只是当务之急的结构性改革的一小部分。即便如此，它们也已经很激进了。事实上，在我写作此书的时候，它们仍然遥不可及。

因此，当我写作此书的时候，我还无法想象把这一切成功地教给我的女儿。在我们的社会中，有太多的反面信息；还有太多我自己不曾正确而充分地了解的东西，这些我还无法教给她。我仍然难以想象，一个可以让女性大胆要求获得她们应得权利的世界，更不要说想象一个她们的确能够获得应得权利的世界。这将是一场漫长的斗争，也许永远没有尽头。但是，为了她，我可以说一句：我绝不退缩。

致谢

　　这本书虽然写作时间并不长，但酝酿了近六年，在这个过程中有太多的人都曾给予过我帮助,我无法一一表示感谢。但是,请允许我在这里先对其中的一部分人致谢:由衷地感谢我在皇冠出版集团的编辑 Amanda Cook, 感谢她卓越的洞察力和作为编辑的独特眼光,也感谢她在这个项目中对我坚定不移的支持和信任。我也非常感谢英国企鹅出版社的编辑 Casiana Ionita, 她提出的精辟意见使本书有了很大的改进——也感谢她那种让每个作者梦想成真的支持。我还要感谢我第一本书《不只是厌女》的编辑——牛津大学出版社的 Peter Ohlin, 他以非凡的耐心、善意和洞察力促成了该书的写作。虽然我们在目前这个项目上没有合作,但如果没有他,我根本不可能想到写这本书。

　　我也非常感谢我的经纪人 Lucy Cleland, 她在整个过程中,一直为我提供令人惊喜的想法和支持。我还要感谢 Stephanie

Steiker 在我完善此书的阶段给予的关键性帮助。

感谢福特汉姆大学、密歇根大学、北卡罗来纳大学教堂山分校、麻省理工学院、印第安纳大学布鲁明顿分校、罗切斯特理工大学、亚拉巴马大学伯明翰分校、布鲁克林公共图书馆、伍斯特学院、拿桑社区学院、普林斯顿大学、纽约市立大学、布法罗大学、阿默斯特学院、康涅狄格大学、韦尔斯利学院、康奈尔大学人文协会、南伊利诺伊大学爱德华兹维尔分校、普吉特海湾大学、格林奈尔学院和南加州大学的听众，感谢他们对本书中的各种材料提供慷慨而精辟的反馈。我也由衷地感谢康奈尔大学赛奇哲学学院的教师和研究生同事，感谢他们为我提供了这么好的学术环境，让我能够做想做的事。

从更个人的角度来说，我非常感谢我的父母，安妮和罗伯特，还有我的姐姐露西，他们给了我可以想象到的最美好的家庭，为我提供了一个"安全基地"，让我可以用一生的时间去探索那些有争议的，有时甚至导致分裂的想法。我衷心地感谢他们每一个人，感谢他们的支持，感谢他们做真实的自己。

最后，如果没有我的丈夫丹尼尔，我无法做到这一切。他是我的磐石，是我的安全港湾。他每天都在支持我——在智力上、物质上和情感上，他是我可以永远依靠的人。他是我的第一个读者，是我最好的朋友，现在，他是和我一起养育孩子的人。我只希望自己变得更好，不负他为我做的一切。

注释

第一章 创伤永难抚平——关于特权男性的权利

1.　卡瓦诺还被另外三名女性指控性侵犯或性行为不当。她们是 Deborah
　　Ramirez、Julie Swetnick，以及一位匿名控诉人。参见：Christine Hauser，
　　"The Women Who Have Accused Brett Kavanaugh"，*The New York Times*，
　　September 26，2018，https://www.nytimes.com/2018/09/26/us/politics/brett-
　　kavanaugh-accusers-women.html。然而，出于本章作为引言的目的，我将重
　　点讨论克里斯蒂娜·布莱西·福特博士的指控。

2.　例如，Anneke E. Green 于 2018 年 10 月 3 日在网站 "RealClearPolitics" 上
　　发表了一篇题为 "We Can Believe Ford and Confirm Kavanaugh" 的文章。文
　　中写道："尽管我非常钦佩福特博士的勇气，同时认为她的个人经历值得信
　　任和同情，但这并不能改变我的信念，那就是，对一个男人或女人未成年时
　　发生的事情进行指控，这样的指控无法证实，也无法调查，所以不应该因
　　此毁掉一个人如此飞黄腾达的职业生涯。"见：https://www.realclearpolitics.
　　com/articles/2018/10/03/we_can_believe_ford_and_confirm_kavanaugh_138240.
　　html。

3.　关于影射福特说谎的例子，见 2018 年 9 月 22 日 Cheryl K. Chumley 发表于《华
　　盛顿时报》的文章 "Christine Blasey Ford Could Indeed be Lying"。她写道："如

果福特有任何证据，任何可以证明她对卡瓦诺的指控是基于事实和真相的东西，她应该说出来，赶紧说出来。卡瓦诺没有责任证明自己的清白，但福特有责任证明他有罪——证明她自己没有撒谎，没有使用卑鄙可耻的手段来扰乱最高法院的诉讼程序，阻止卡瓦诺的提名。"见：https://www.washtontimes.com/news/2018/sep/22/christine-blasey-ford-could-indeed-be-lying/。

Susan Collins 则因为另一起认错人的案件认为福特的证词不可靠。在投下支持卡瓦诺的决定性一票后，她在接受电视采访时这样说："（克里斯蒂娜·布莱西·福特）显然是被吓坏了，受到了创伤。我相信她受到了性侵犯，但我认为她把施害者弄错了，我不相信攻击她的人是布雷特·卡瓦诺。"参见：Jaclyn Reiss, "Susan Collins Says She Thinks Brett Kavanaugh's Accuser Was 'Mistaken'", *The Boston Globe*, October 8, 2018, https://www.bostonglobe.com/news/politics/2018/10/07/susan-collins-says-she-thinks-christine-blasey-ford-was-mistaken-about-identity-perpetrator-being-brett-kavanaugh/JD3AyfW6tly9KfUZjJxNwJ/story.html。

4. 值得注意的是，男性特权与其他形式的特权（例如白人特权）一样，除了应得权利感之外，还有许多其他方面的内容。一个人当然可以，而且也应该努力成为一个拥有特权但不会仗着特权而以让人讨厌的方式行事的人（例如我，我可以公开地说，除了性别之外，在其他所有方面我都可以算是一个有特权的人），但要让一个人真的放弃自己的特权还是不太可能的（能够做的是，承认自己有特权，然后减少因为享有这些特权而给别人带来的伤害）。关于如何对待（白人）特权的经典论述，见：Peggy McIntosh, "White Privilege: Unpacking the Invisible Knaps", *Peace and Freedom Magazine*（1989），pp. 10—12。关于这方面的最新论述，见 Rachel McKinnon 和 Adam Sennet 的文章："Survey Article: On the Nature of the Political Concept of Privilege", *Journal of Political Philosophy* 25, no. 4（2017），pp. 487—507。

    正如贯穿全书的论述所表明的那样，白人女性的特权和应得权利感本身也是一个重要的话题。但我这里的重点主要是男性特权，它构成了一系列现象，这些现象以系统化和交叉存在的方式汇集在一起，值得我们研究。

5. Sam Brodey, "'The Most Telling Moment': Sen. Amy Klobuchar in National Spotlight After Brett Kavanaugh Hearings", *Minnesota Post*, September 28, 2018, https://www.minnpost.com/national/2018/09/the-most-telling-moment-sen-amy-klobuchar-in-national-spotlight-after-brett-kavanaugh-hearings/.

6. Billy Perrigo，"Sen. Lindsey Graham Says Christine Blasey Ford 'Has Got a Problem' as He Continues Attack on Democrats"，*Time*，September 28,，2018，https://time.com/5409636/lindsey-graham-christine-blasey-ford-problem/.

7. 可对比唐纳德·特朗普同情男性施害者的言论，我的文章里讨论过，见："Brett Kavanaugh and America's 'Himpathy' Reckoning"，*The New York Times*，September 26，2018，https://www.nytimes.com/2018/09/26/opinion/brett-kavanaugh-hearing-himpathy.html。

8. 见本章注释 2 和注释 3 中（不同角度）的辩驳，以及 65 位在高中时就认识卡瓦诺的女性的来信，她们为他辩护的主要依据是，他从未对她们个人实施过性侵犯。但是，通常情况下，没有（直接的、第一手的）证据并不等于没有具有决定性的证据。换句话说，这些女性可以证明自己没有受到过布雷特·卡瓦诺的性侵，但这并不意味着因此就可以怀疑福特的证词。见：Tara Golshan，"65 Women Who Knew Brett Kavanaugh in High School Defend His Character"，*Vox*，September 14，2018，https://www.vox.com/2018/9/14/17860488/brett-kavanaugh-sexual-assault-georgetown-prep-defense。

9. 显然，我这里关于执法"分支"的用意完全是比喻性的。我当然不是说厌女症只限于正式的监督和执法机制中，这一点很快就会说清楚。

10. 根据最新统计，在所有青少年强奸受害者中，女孩占 82%，在所有成年强奸受害者中，女性占 90%。此外，16 至 19 岁的女性成为强奸、强奸未遂或性攻击受害者的可能性是一般人群的四倍。见：RAINN，"Victims of Sexual Violence: Statistics"，https://www.rainn.org/statistics/victims-sexual-violence。

11. 这里有几条她收到的信息："没有人相信你。你会遭报应的。""据我所知，你还可以活六个月，你这个让人恶心的女人。"见：Erin Durkin，"Christine Blasey Ford's Life 'Turned Upside Down' After Accusing Kavanaugh"，*The Guardian*，September 19，2018，https://www.theguardian.com/us-news/2018/sep/19/christine-blasey-ford-brett-kavanaugh-sexual-assault-accuser-threats。

12. 我最早是在接受 *Guernica* 杂志记者 Regan Penaluna 的采访时用了这个比喻。见："Kate Manne: The Shock Collar That Is Misogyny"，February 7，2018，https://www.guernicamag.com/kate-manne-why-misogyny-isnt-really-about-hating-women/。

13. 卡瓦诺在听证会的开场白中说："在过去的 12 年里，我的 48 名法庭书记员中，大部分是女性。在给这个委员会的一封信中，我的法庭书记员们说，我是联邦司法机构中最支持女性律师的人之一。她们写道，法律界因为有了我而变得更加公平和平等。在我担任法官期间，全国没有哪一位联邦法官，比我派出更多的女性书记员到最高法院任职。"见："Brett Kavanaugh's Opening Statement: Full Transcript", *The New York Times*, September 26, 2018, https://www.nytimes.com/2018/09/26/us/politics/read-brett-kavanaughs-complete-opening-statement.html。

14. 例如，在第六章中，我认为美国的反堕胎运动具有强烈的厌女倾向，但没有必要把所有赞同该运动信条的人都斥为厌女者。

15. 请注意，我绝不是要否认女权主义在美国和其他国家取得社会进步的可能性或具体现实。我的意思是，即使受到平等主义社会观念的抵制，历史上的父权制社会规范仍然存在，并在不知不觉中对我们的行为产生影响。

16. 作为一个从事文化分析的人，我一般会把注意力放在我自己身处其中的社会环境上，而把那些有关其他文化环境可能有哪些异同的问题留给其他更合适的读者去思考。但这并不是说这是避免道德帝国主义的唯一途径。可参考：Serene Khader's *Decolonizing Universalism: A Transnational Feminist Ethic* (New York: Oxford University Press, 2018)。

17. 克伦肖有两篇关于交叉性理论的具有开创性的经典作品，见："Mapping the Margins: Intersectionality, Identity Politics, and Violence Against Women of Color", *Stanford Law Review* 43, no. 6 (1991), pp. 1241—1299; "Beyond Race and Misogyny: Black Feminism and 2 Live Crew", in *Words That Wound*, edited by Mari J. Matsuda, Charles Lawrence III, Richard Delgado, and Kimberlé Williams Crenshawpp (Boulder: Westview Press, 1993), pp. 111—132。

18. 自不待言，我希望这里的这些问题，以及我在书中努力想要回答的其他问题，并不是关于男性特权和男性应得权利的全部话题，而只是其中的一些核心问题，这些是我觉得自己有能力评论的问题。

19. Ewan Palmer, "Christine Blasey Ford Can't Return Home for 'Quite Some Time' Due to Continuous Death Threats: Lawyer", *Newsweek*, October 8, 2018, https://www.newsweek.com/christine-blasey-ford-cant-return-home-continuous-death-threats-1157262.

20. Chris Riotta, "Trump Accused of 26 New Cases of 'Unwanted Sexual Contact'", *Independent*, October 9, 2019, https://www.independent.co.uk/

news/world/americas/trump-sexual-assault-allegations-harassment-groping-women-karen-johnson-book-a9149021.html.

第二章　非自愿独身者——关于男性有权利得到赞美

1.　"Timeline of Murder Spree in Isla Vista", *CBS News*, May 26, 2014, http://www.cbsnews.com/news/timeline-of-murder-spree-in-isla-vista/.

2.　幸运的是，该视频很快在 YouTube 上被删除。但在 http://www.democraticunderground.com/10024994525 上还可以找到它的文字记录（内容摘取时间为 2019 年 10 月 5 日）。罗杰此前还将其他类似的视频上传到 YouTube 上，他的母亲曾提醒警方注意他的活动。警察在罗杰的公寓外对他进行了询问，但没有做进一步处理。

3.　我在《不只是厌女》(*Down Girl: The Logic of Misogyny*, New York, Oxford University Press, 2018) 一书的第一和第二章中详细讨论了埃利奥特·罗杰的案例。关于罗杰的精神健康史的一些评论，请参见我对批评者的答复，见：*The APA Newsletter in Feminism and Philosophy* 8, no. 2 (2019), pp. 28—29。他的精神健康史之所以值得注意，主要是因为他一直没有获得任何具体的诊断，尽管他的父母很尽责，让他接受过广泛的治疗。

4.　我这里参考了 Steve Hendrix 的文章，他也引用了 Julia Tate 对此事的报道，见："He Always Hated Women. Then He Decided to Kill Them", *The Washington Post*, June 7, 2019, https://www.washingtonpost.com/graphics/2019/local/yoga-shooting-incel-attack-fueled-by-male-supremacy/。

5.　2018 年，19 岁少年 Nikolas Cruz 在佛罗里达州帕克兰市的马乔里·斯通曼·道格拉斯高中杀死 17 人，他也曾在 YouTube 上发表过赞扬罗杰的言论。

6.　关于非自愿独身者的完整历史，从他们早期（根据各种报道）显然毫无恶意的开始到现在令人惊恐的厌女事件，请参阅 Zack Beauchamp 的文章："Our Incel Problem: How a Support Group for the Dateless Became One of the Internet's Most Dangerous Subcultures", *Vox*, April 23, 2019, https://www.vox.com/the-highlight/2019/4/16/18287446/incel-definition-reddit。

7.　在看到过去几十年来非自愿独身者群体的恶变和堕落后，阿兰娜（她不愿透露自己的姓）最近试图提出一个更有成效的替代方案。她的新项目"爱而不怒"（Love Not Anger）试图恢复其网站的最初精神：支持那些认为自己在爱情中有不幸遭遇的人，让他们不要像她曾经那样心生怨恨。阿兰娜告诉新闻网站 *Vox* 的撰稿人 Zack Beauchamp：

> 我们的目标是通过研究为什么有些人（包括所有性别和性取向的人）在约会方面有困难，并为他们提供有效的支持服务，从而帮助他们减少孤独。这个项目并没有办法直接减少暴力。一个孤独的人，只要不深陷于自己的仇恨中，就可能从"爱而不怒"项目所能提供的帮助中受益。（出处同上）

她的话说明，不论是女人还是男人，不论是同性恋者还是异性恋者，都会感到孤独，都会感到在爱情或性生活方面得不到满足。用这些话来劝说那些坚定的非自愿独身者大概不会有什么作用，但对于那些最终可能采取激进行动的人来说，让他们了解到这一点是有益的。一个只是特别想要某样东西，另一个是错误地认为自己有权得到某种东西却被不公平地剥夺了，这两者之间有着天壤之别。

8.　正如 Zack Beauchamp 所写的：

> ［非自愿独身者］绝大多数都是在成长过程中曾经受到孤立和排斥的年轻男性，他们转向互联网，想了解自己为什么会痛苦……
>
> 非自愿独身者这个群体对外来者非常敌视，特别是对研究人员和记者，所以目前尚未对这个群体的人口统计进行严格的科学研究，但他们的论坛曾经对用户的人口统计进行了非正式调查……
>
> 通过对 1267 名 Braincels［这是一个在 Reddit 上曾经很受欢迎的非自愿独身者论坛，后来被封了］用户进行非正式调查发现，大约90%的论坛参与者都在 30 岁以下。这些用户几乎都是男性（女性用户被发现后会被立即禁止进入，但也有少数人偷偷溜进去），而且大约80%的人住在欧洲或北美。（出处同上）

9.　Alice Hines, "How Many Bones Would You Break to Get Laid？'Incels'Are Going Under the Knife to Reshape Their Faces, and Their Dating Prospects", *The Cut*, May 28, 2019, https://www.thecut.com/2019/05/incel-plasticsurgery.html.

10. 例如，Ross Douthat 认为：

> 性革命产生了新的赢家和输家，产生了新的等级制度来取代旧的等
> 级制度，那些外貌出众、经济富裕、善于社交的人获得了新的特权，而
> 其他人则陷入新形式的孤独和沮丧之中。现在普遍存在的孤独感、不幸
> 福感和不育现象，也许可以通过重新提倡或调整旧的观念，有关一夫一
> 妻制、禁欲和永恒的承诺的美德，以及对独身者表示特别的尊重来解决。
> （"The Redistribution of Sex"，*The New York Times*，May 2，2018，https://
> www.nytimes.com/2018/05/02/opinion/incels-sex-robots-redistribution.
> html）

同样，《纽约时报》记者 Nellie Bowles 也引用了 Jordan Peterson 的话，
认为解决非自愿独身者问题的办法是实行"强制性一夫一妻制"。Bowles 写道：

> 彼得森先生说，暴力袭击发生在男人没有伴侣的情况下，社会需要
> 努力确保这些男人能结婚。
> "他对上帝感到愤怒，因为女人拒绝了他。"彼得森先生在谈到多伦
> 多杀人凶手［阿列克·米纳希安］时说，"解决这种问题的方法是强制
> 实行一夫一妻制。事实上，这就是一夫一妻制出现的原因。"
> 彼得森先生说这句话的时候理直气壮。在他看来，强制实行一夫一
> 妻制就是一种理性的解决方案。他解释说，如果不这样做，女人都只会
> 去找地位最高的男人，到头来男女两性都不会幸福。

"一半的男人都失败了，没有人去关心那些失败的男人。"Peterson 对男
人充满同情地补充道。
（Nellie Bowles，"Jordan Peterson，Custodian of the Patriarchy"，*The New
York Times*，May 18，2018，https://www.nytimes.com/2018/05/18/style/
jordan-peterson-12-rules-for-life.html）

11. 关于贝尔勒涉及的其他类似事件，Hendrix（与 Tate 合写）发表于《华盛顿邮
报》的 "He Always Hated Women" 一文中有详细介绍。
正如 Zack Beauchamp 在他的调查报告中所详细论述的那样，在非自愿独

身者群体内，性侵犯非常普遍，问题相当严重。他写道：

> 发生在非自愿独身者身上最让人不寒而栗的事情是，他们赤裸裸地
> 实施性侵犯行为……
> 一名用户声称自己在公交车上连续对女性进行性侵。他写道："我一
> 直这么做，用我的鸡巴在她们的背上／屁股上摩擦，直到我射精。"另
> 一位说，他把精液射到办公室的巧克力棒里，以此来"惩罚"一个有男
> 朋友但他认为在和自己调情的女人。还有一位声称自己"摸了好多女人"，
> 估计在 50 到 70 个之间，他还声称要升级为暴力强奸……
> 我们没有办法知道这其中有多少是真实的，但即使假设其中只有一
> 小部分是真实的，我们也已经看到，在这个群里，攻击女性的男人会
> 受到赞誉，还得到鼓励去为所欲为。（"Our Incel Problem"，*Vox*）

12. "感觉自己的权利受到了侵害"这个说法出自社会学家 Michael Kimmel，参
    见他的著作：*Angry White Men: American Masculinity at the End of an Era*（New
    York：National Books，2013），第 18—25 页和第一章。

13. 正如 Zack Beauchamp 所言：

> 尽管 Braincels 的用户主要来自白人占多数的国家，但 Braincels 的用
> 户在种族上是多样化的：该网站 55% 的用户群是白人，还有相当比例的
> 发帖者自称是东亚人、南亚人、黑人和拉丁裔。Incels.co 是 Reddit 以外
> 最大的非自愿独身者网站，其用户群的年龄、种族和地域分布上的数据
> 也类似。（"Our Incel Problem"，*Vox*）

14. 这段话引自罗杰的《我扭曲的世界》，这是他在杀人后公开发表的"宣言"，见：
    http://s3.documentcloud.org/documents/1173619/rodger-manifesto.pdf（内容摘
    取时间为 2019 年 10 月 5 日）。

15. "Timeline of Murder Spree in Isla Vista"，*CBS News*，http://www.cbsnews.
    com/news/timeline-of-murder-spree-in-isla-vista/.

16. 罗杰继续写道：

> 女人在精神上确实有问题。她们的心智是有缺陷的，我长到这么大，
> 才开始认识到这一点。我在景岛社区的大学城观察得越多，就越是发现
> 荒唐事比比皆是。所有性感漂亮的女孩都和那些令人讨厌、粗鲁的肌肉

男走在一起，他们一直参加各种派对，行为狂野。她们应该来找像我这
样聪明的绅士。女人不该喜欢那种人，这是人性的重大缺陷，是完完全
全、彻彻底底的错误。当我意识到这些真相后，我感到深深的困扰。我
很不安，很生气，受到了精神创伤。

罗杰经常抱怨自己因为女人而遭受精神创伤，而不仅仅是感到失望。我
在本章后面对此还会进一步论述。

17. 贝尔勒的所有视频，包括这个视频和另一个针对青少年非自愿独身者、标
题为"青春期男性的困境"的视频，可访问：https://www.youtube.com/
watch?v=8Ca00hcOND8（内容摘取时间为 2019 年 10 月 5 日）。这里所引用
的段落（我自己的转录）取自该视频中大约一分半钟至两分钟的内容。

18. 前面提到的那个在俄勒冈州一所社区大学犯下谋杀罪的非自愿独身者克里
斯·哈珀—默瑟也写过类似的种族主义文字，他抱怨自己没有女朋友，而且
一直是处男。

19. 与罗杰的言论惊人相似的是，阿列克·米纳希安在袭击事件发生后，在接受
警方审讯时说（该视频于 2019 年 9 月 26 日发布）："有时我［对女人］有点
生气，她们选择与令人讨厌的男人约会，而不来找我这样的绅士。"他描述了
2013 年在万圣节派对上遭到拒绝的关键情节：

我走了进去，想和一些女生搭话，但她们都嘲笑我，她们愿意挽着
那些大块头男人的胳膊。……我感到非常生气……因为我认为自己是一
个超级绅士，我很生气，因为她们把爱和感情给了那些令人讨厌的畜生。

米纳希安对埃利奥特·罗杰同样大加赞赏，并说在网上遇到过他——称
他是发起"像我一样愤怒的非自愿独身者运动"的"先锋"，这个运动要"推
翻查德们，然后强迫斯泰茜们与非自愿独身者繁殖后代"。至于为什么说"非
自愿独身者"是"非自愿"的，他说，像他这样的非自愿独身者"被迫陷入
真实的孤独，无法改变［我们的］处子身份"。

我所引用的这些话可在以下网站的录像里访问：https://www.youtube.com/
watch?v=S_zSdw1nShk。

20. 据一位当时认识贝尔勒的消息人士透露，他手稿中的人物是他真实生活里的
同学，只是名字略有改动。这位匿名男士对《华盛顿邮报》记者说："这差不

多就是他在学校里的日记。"见：Hendrix（与 Tate 合写），"He Always Hated Women"，*The Washington Post*。

21. 关于物化和厌女症之间的复杂关系，涉及对厌女症的定义，参见《不只是厌女》第三章"厌女症与性物化"（Misogyny and Sexual Objectification）里的讨论。

22. 关于这一点的进一步讨论，参见《不只是厌女》第五章。

23. 对比一下一名非自愿独身者论坛的网友关于自己为什么开始跟踪女性的话：

> 我曾经接近过一个十几岁的女孩（14 岁左右），一开始是向她问路，然后我问她叫什么名字。她害怕了，准备走开。我跟在她后面，她从快步走变成了跑步。她的步态很奇怪，因为她跑起来就像一只刚出生的小鹿，每隔一段时间就会转身，看我是不是还跟着她（我要说明的是，我对强奸深恶痛绝，也没有任何这方面的意图，我没想调戏她，一点没有）。
>
> 她没有理由害怕，我没打算做任何事情。但是当你跟着一个女孩，然后她注意到你，她想甩掉你或者加快步伐的时候，那种感觉棒极了。你变得对她很重要。你不再是人群中一张偶然看到的、无关紧要的面孔。
>
> 我知道这种行为很低级，但我乐在其中。我去另一个城市，找一个独自行走的女孩，然后开始跟踪她。过了一会儿，她们就会注意到你。……我建议你们这些孤独的非自愿独身者什么时候也来试试这一招。
>
> （"Incel Creeper: It's Fun to Follow 14-Year-Old Girls Down the Street and Scare Them to Death"，*We Hunted the Mammoth*，April 20，2018，http://www.wehuntethemammoth.com/2018/04/30/incel-creeper-its-fun-to-follow-14-year-old-girls-down-the-street-and-scare-them-to-death/）

24. 我的观点和 Amia Srinivasan 文章中的观点有所不同，见："Does Anyone Have the Right to Sex？"，*London Review of Books*，March 22，2018，https://www.lrb.co.uk/v40/n06/amia-srinivasan/does-anyone-have-the-right-to-sex。

25. 正如 Zack Beauchamp 对采访过的两个非自愿独身者 Abe 和 John 所作的评论：

> 我们很难不为埃布或约翰这样的人感到难过。我们每个人在某个时候都会遭受拒绝或感到孤独。但让非自愿独身者的世界变得可怕的是，他们把这些大家都会有的体验所造成的痛苦，变成针对女人的肆无忌惮的厌恶和愤怒。（"Our Incel Problem"，*Vox*）

26. 也许同样值得注意的是，这种抚慰不仅可能会对他人造成严重的伤害，因为事实上它会让非自愿独身者更加认为这个世界亏欠他们，尤其是女人。这对他们并没有帮助，至少从长远来看没有任何帮助。这种抚慰可能只会增加他的痛苦，助长某种恶性循环，因为造成其痛苦的归根结底是他自己，他对自己在多大程度上应该得到关注、抚慰、照顾、呵护有错误的认识。

27. Patrick Lohmann，"Bianca Devins：Lies，Scams，Misogyny Explode Online Before Facts；Grieving Family Debunks Rumors"，*Syracuse*，July 15，2019，https://www.syracuse.com/crime/2019/07/bianca-devins-lies-scams-misogyny-explode-online-before-facts-emerge-grieving-family-debunks-rumors.html.

28. Alia E. Dastagir，"Bianca Devins' Murder Is 'Not an Instagram Story'，Domestic Violence Expert Says"，*USA Today*，July 17，2019，https://www.usatoday.com/story/news/nation/2019/07/17/bianca-devins-death-posted-instagram-thats-not-story/1748601001/.

29. 在纽约，一级谋杀罪的指控只适用于符合某些特殊条件的预谋杀人行为——例如，杀害执法人员、消防员、法官或犯罪证人，大规模杀人，在犯重罪时杀人，以及以特别令人发指的方式杀人，比如折磨他们。

30. Dastagir，"Bianca Devins' Murder Is 'Not An Instagram Story'"，*USA Today*.

31. 同上。

32. 同上。

33. 见：Mary Emily O'Hara，"Domestic Violence：Nearly Three U.S. Women Killed Every Day by Intimate Partners"，*NBC News*，April 11，2017，https://www.nbcnews.com/news/us-news/domestic-violence-nearly-three-u-s-women-killed-every-day-n745166。这篇代表性文章谈到这一得到确认的统计数字。

34. 参见《不只是厌女》的导言和第四章，特别是有关羞耻感和弑亲现象的部分。这些男人不仅杀掉自己的女性亲密伴侣或前伴侣，还杀掉自己的孩子（一般是在自杀前）。在美国，这样的事平均每周发生一次。然而，在互联网上，弑亲现象所引起的关注远不如非自愿独身者。

35. Dastagir，"Bianca Devins' Murder Is 'Not An Instagram Story'"，*USA Today*.

第三章　特别结案处理——关于男性有权利得到性爱

1. 以下叙述出自 ProPublica 记者 Bernice Yeung，Newsy 记者 Mark Greenblatt

和 Mark Fahey 收集的当事人证词及后续的调查报告，他们与播客 "Reveal" 合作报道了此案，见："Case Cleared: Part 2"，*Reveal*，November 17，2018，https://www.revealnews.org/episodes/case-cleared-part-2/。

2. 然而，值得注意的是，在明尼苏达州，与受害者有 "持续自愿关系" 的人所犯的强奸罪，在当时仍然根据一个不同的法典进行起诉，这使得一些人以 "自愿关系辩护" 为名逃脱罪名，最后以事实婚姻内强奸进行特殊处理——包括一个女人被她的前夫强奸的案件。当时他们正在离婚过程中，他拍摄了一段强奸视频，在此期间，他们四岁的孩子在旁边睡觉。他因 "侵犯隐私" 仅被判处 45 天的监禁。幸运的是，在公众的强烈要求下，这一法规于 2019 年 5 月被废除。见：Amir Vera，"Marital Rape Is No Longer Legal in Minnesota with New Law"，*CNN*，May 3，2019，https://www.cnn.com/2019/05/03/us/minnesota-marital-rape-repeal/index.html。

3. 另一个有关残疾、性暴力和种族主义（该案件中）交集的案例，请关注这位被强奸后怀孕分娩的原住民女性，在整个过程中，她都在护理机构里，并且处于昏迷状态。见：Amanda Sakuma，"A Woman in a Vegetative State Suddenly Gave Birth. Her Alleged Assault Is a #MeToo Wake-Up Call"，*Vox*，January 7，2019，https://www.vox.com/2019/1/7/18171012/arizona-woman-birth-coma-sexual-assault-metoo。

4. 一些基本的心理学机制有助于解释这种倾向。研究表明，当有人被告知关于 A 的不幸故事从而对 A 产生同情时，在 A 和 B 参与的简单的竞争游戏中，这个人会倾向于对 A 的对手 B 产生攻击性和敌意。心理学家发现，当他们用同情的态度描述 A 时，参与者会给 B 更多的辣酱吃（一种衡量攻击性的标准临床方法），而在控制条件下，没有给出关于 A 的背景故事。请注意，这种攻击性是针对 B 的，尽管 B 并没有对 A 做任何不好的事情，B 可能有一个同样或更令人同情的背景故事，而且惩罚 B 对 A 没有丝毫帮助。见：Paul Bloom，"The Dark Side of Empathy"，*The Atlantic*，September 25，2015，https://www.theatlantic.com/science/archive/2015/09/the-violence-of-empathy/407155/ ；另外，原创研究可参见：Anneke E. K. Buffone and Michael J. Poulin，"Empathy，Target Distress，and Neurohormone Genes Interact to Predict Aggression for Others—Even Without Provocation"，*Personality and Social Psychology Bulletin* 40，no. 11（2014），pp. 1406—1422。

5. 案件发生在 2015 年 1 月，2016 年 3 月进行了审判。她用化名写下了令人心惊的受害者证言，好几年来，人们只知道她叫艾米莉·多伊。在本书出版前不久，米勒出版了一本了不起的回忆录《知晓我姓名》，讲述了自己被性侵的经历及造成的后果。书中有一个巧合令人毛骨悚然。埃利奥特·罗杰杀人时，米勒正好是加州大学圣巴巴拉分校的学生，他的暴力行为让她感到惊恐不安。她写道：

> 六个同学从我们身边被夺走，埃利奥特是第七个。我在这里不想写出受害者的名字，因为名字是神圣的，我不想仅仅通过他的所作所为来定义他们的身份。（*Know My Name*，New York：Viking，2019. p. 89）

这让我更加明确了原先对这些问题的思考，因此我选择继续按照她的做法，在本书中也不列出那些与罗杰的暴行有关的名字。

6. 我在这里引用了我的书《不只是厌女》第六章中的"同情他心"部分。通过米勒的回忆录我们看到了另一个关键因素：她是美籍华人，这使得特纳的白人身份（以及，相对较多的特权）看似与结果更加相关。

7. 参见 Malcolm Gladwell 在他最新出版的书中对这个案例的分析：

> 一个年轻女人和一个年轻男人在派对上邂逅，很不幸的是，他们开始误解对方的意图——而且他们喝醉了……整个案件取决于艾米莉·多伊的醉酒程度……
>
> 这类案件的困难在于难以准确了解当时的情况。双方都同意吗？是否有一方反对，而另一方无视这一反对？或者误解了这一反对？……
>
> "人民诉布罗克·特纳"一案的结果为艾米莉·多伊带来了一定程度的正义。但是，只要我们不承认酒精对陌生人之间的互动的影响，那天晚上在兄弟会上发生的事情就会一再发生，一次次地发生。（*Talking to Strangers*，New York：Little，Brown，2019，chapter 8）

但正如香奈儿·米勒在《60分钟》采访中恰当而简洁地指出："强奸不是对醉酒的惩罚。"参见：Bill Whitaker，"*Know My Name*：Author and Sexual Assault Survivor Chanel Miller's Full *60 Minutes* Interview"，*CBS News*，September 22，2019，https://www.cbsnews.com/news/chanel-miller-full-60-minutes-interview-know-my-name-author-brock-turner-sexual-assaultsurvivor-2019-09-22/。

8.　Miller，*Know My Name*，p. 285.

9.　Gabriella Paiella，"Report: Brock Turner Creeped Out Members of the Stanford Women's Swim Team"，*The Cut*，June 16，2016，https://www.thecut.com/2016/06/report-brock-turner-creeped-women-out.html.

10.　Miller，*Know My Name*，p. 284.

11.　Sam Levin，"Stanford Sexual Assault: Read the Full Text of the Judge's Controversial Decision"，*The Guardian*，June 14，2016，https://www.theguardian.com/us-news/2016/jun/14/stanford-sexual-assault-read-sentence-judge-aaron-persky.

12.　不过，美国广播公司最后还是更改了标题。见: Donte Gibson，"Maryland Teen Demanded That ABC News Change Its Maryland School Shooter Headline"，*A Plus*，March 26，2018，https://articles.aplus.com/a/great-mills-high-school-shooting-lovesick-teen-headline。

13.　Olly Hennessy-Fiske，Matt Pearce，and Jenny Jarvie，"Must Reads: Texas School Shooter Killed Girl Who Turned Down His Advances and Embarrassed Him in Class, Her Mother Says"，*The Los Angeles Times*，May 19，2018，https://www.latimes.com/nation/la-na-texas-shooter-20180519-story.html.

14.　同上。

15.　同上。

16.　社交媒体上出现愤怒反应后，新闻标题后来被改成了："孩子在联盟运动员父亲点燃的汽车地狱中丧生，数小时后妻子死亡"。见: "Wife Dies Hours After Her Children Were Killed in Car Inferno Lit by League Player Father"，*Fox Sports Australia*，February 19，2020，https://www.foxsports.com.au/nrl/nrl-premiership/teams/warriors/exnrl-star-rowan-baxter-dies-alongside-three-kids-in-brisbane-car-fire-tragedy/news-story/e1b715cb015ff853a4c8ccf115637e30。

17.　Kelsey Wilkie，"From Trips to the Beach to Loving Bedtime Stories: How an Ex-Footy Star Portrayed Himself as a Loving Dad Who Would Do Anything for his Three Kids—Before Killing Them All in Car Fire Horror"，*Daily Mail*，February 18，2020，https://www.dailymail.co.uk/news/article-8018989/Rowan-Baxter-died-three-children-car-set-alight-Brisbane.html.

18.　https://twitter.com/thebettinaarndt/status/1230623373232787456?lang=en（内容摘

取时间为 2020 年 2 月 29 日）。

19. 阿恩特的推特账号写道："以前性是禁忌，现在成了男人的问题。帮助贝蒂娜·阿恩特通过支持男性来实现性别平等。#MenToo。"见：https://twitter.com/thebettinaarndt（内容摘取时间为 2020 年 2 月 29 日）。哦，不，不，不是所有男人；阿恩特曾公开为一个被指控虐待男孩的童子军团长辩护，说他是个"好人"，还说"这种轻微的虐待不会有什么后果"。见：Samantha Maiden，"Independent Board to Consider Rescinding Bettina Arndt's Order of Australia Honour"，*The New Daily*，February 24，2020，https://thenewdaily.com.au/news/national/2020/02/24/bettina-arndt-david-hurley/。这篇文章还详细介绍了后来人们为撤销阿恩特的荣誉所做的努力。

20. 关于弑亲现象，见上一章的倒数第二条注释。

21. 请注意，后者并不是由前者引出的：在明尼苏达州，人们可以在未被逮捕的情况下被起诉。

22. "合理依据"的标准定义之一是"得到足够情况支持的合理怀疑，使一个谨慎小心的人相信某些事实可能是真实的"；而"排除合理怀疑的证明"是指控方提出的主张必须被证明到一个合理的程度，让一个有理性的人对其真实性不再有合理怀疑。见：https://www.lawfirms.com/resources/criminal-defense/defendants-rights/defining-probable-cause.htm。

23. 伊塔斯卡县（蕾·弗洛赖克所在的县）在过去五年中指控了四十多名强奸嫌疑人。这些案件的受害者几乎都是儿童。在极少数的例外情况下（例如涉及成年受害者的强奸案），嫌疑人使用了武力或明确的胁迫。在执法部门提交的170 起性犯罪案件中，检察官驳回了其中大约 60% 的案件。

24. 见："Caes Cleared:Part 1"，*Reveal*，November 10，2018，https://www.revealnews.org/episodes/case-cleared-part-1/。也可见：Mark Fahey，"How We Analyzed Rape Clearance Rates"，*ProPublica*，November 15，2018，https://www.propublica.org/article/how-we-analyzed-rape-clearance-rates。

25. 更确切地说：

> 在联邦调查局（FBI）的统一犯罪报告（Uniform Crime Reporting，简称 UCR）计划中，执法机构可以通过以下两种方式之一来清除或"了结"犯罪行为：逮捕结案或特殊方式结案……

特殊方式结案

在某些情况下，由于无法控制的因素，执法机构无法逮捕或正式指控犯罪人。当这种情况发生时，执法机构可以通过特殊方式结案。执法机构必须满足以下四个条件才能以特殊方式结案。该机构必须已经：

——确定了犯罪人的身份。

——收集了足够的证据来支持逮捕、提出指控，并将犯罪人移交给法院进行起诉。

——确定了犯罪人的确切位置，以便能够立即将嫌疑人拘留。

——遇到执法部门无法控制的情况，阻碍了该机构逮捕、指控和起诉犯罪人。

特殊结案的例子包括但不限于：犯罪人死亡（例如自杀，或被警察或公民正当杀害）；确认犯罪人后，受害者拒绝配合起诉；由于犯罪人在另一个司法管辖区犯罪，并因该罪行被起诉而被拒绝引渡。在 UCR 计划中，仅追回财产并不能清除犯罪行为。

可参见：FBI，"2017: Crime in the United States"，https://ucr.fbi.gov/crim-in-the-u.s/2017/crim-in-the-u.s.-2017/topic-pages/clearances.

26. 请注意，即使是在受害者最初出面，但后来不再配合调查的强奸案中，这也不是，或不应该是阻碍警方进一步追查案件和最终起诉的决定性因素。正如汤姆·麦克德维特告诉记者的那样，他们可以搜查嫌疑人的电脑和电话，可以审问嫌疑人（因为这种情况下的供述并不少见）。当然，他们也可以更努力地赢得受害者的信任和合作——受害者的参与本来也并非必不可少。比较一下在受害者确实不愿意提出指控的情况下——例如，"非致命的扼颈"（我在《不只是厌女》的导言中讨论过），所谓基于证据立案的做法（不依靠受害者在法庭上的证词）。

27. 关于证实这一估计的两项代表性研究，参见：Marc Riedel and John G. Boulahanis，"Homicides Exceptionally Cleared and Cleared by Arrest: An Exploratory Study of Police/ Prosecutor Outcomes"，*Homicide Studies* 11，no. 2(2007)，pp. 151—164；以及 John P. Jarvis and Wendy C. Regoeczi，"Homicides Clearances: An Analysis of Arrest Versus Exceptional Outcomes"，*Homicide Studies* 13，no. 2（2009），pp. 174—188。此后，《华盛顿邮报》收集的数据也显示，在 2007 年至 2017 年期间，55 个主要城市的凶杀案中平均有 10%

左右的特殊结案率。总结可见：Dan Bier，"Why Are Unsolved Murders on the Rise？"，*Freethink*，October 18，2018，https://www.freethink.com/articles/why-don-t-we-solve-murder-anymore。

28. 值得注意的是，警方说在这个案件中，他们没能从受害人的强奸取证包里获得 DNA 证据。然而，鉴于他们已经指认出受害者指控的男子，并且该男子承认当晚与她发生了性关系（他说是双方自愿的），这远不是最终起诉的决定性障碍——特别是考虑到最初的检查证明了这是一次暴力遭遇。见："Case Cleared：Part I"，*Reveal*。

29. Nancy Kaffer，"Kaffer：8 Years into Tests of Abandoned Rape Kits，Worthy Works for Justice"，*Detroit Free Press*，December 17，2017，https://www.freep.com/story/opinion/columnists/nancy-kaffer/2017/12/17/rape-kit-detroit/953083001/.

30. 同上。

31. 还要考虑到警察实施性侵的现象——而且往往可以逍遥法外。见：Jonathan Blanks，"The Police Who Prey on Victims"，*Democracy Journal*，November 1，2017，https://democracyjournal.org/arguments/the-police-who-prey-on-victims/。进一步的讨论可见：《不只是厌女》第六章"厌女症在行动：丹尼尔·霍尔茨克拉夫案"（Misogynoir in Action：The Daniel Holtzclaw Case）。

32. Eliza Relman，"The 24 Women Who Have Accused Trump of Sexual Misconduct"，*Business Insider*，June 21，2019，https://www.businessinsider.com/women-accused-trump-sexual-misconduct-list-2017-12.

33. 在这之前，爱泼斯坦因为这些罪行在棕榈滩县监狱的一个私人牢房里仅服刑 13 个月。他被批准监外工作，在一个据说环境非常舒适的办公室中每周工作 6 天，每天工作约 12 小时。事实上，在这个司法管辖区，性犯罪者是不允许监外工作的，但由于爱泼斯坦在 2008 年与当时任迈阿密联邦检察官、现任特朗普劳工部部长的亚历山大·阿科斯塔达成了认罪协议，后者为他提供了这些特殊待遇。这份不起诉协议还给了"任何潜在的同谋者"豁免权，甚至向 30 名受害者隐瞒了认罪协议——其中许多人直到最近才知道对爱泼斯坦令人震惊的宽大判决。由于在阿科斯塔安排的认罪协议中选择了特定的受害者——其中最小的受害者在指控受到性虐待时已满 16 岁，爱泼斯坦甚至能够避免在他有住所的任何一个州被登记为性犯罪者，包括佛罗里达州。而实际情况是，许多受害者的年龄要小得多。如果不是一位名叫 Julie K. Brown

的记者坚持不懈的争取，爱泼斯坦很可能会继续只受到这些最低限度的惩罚。2019 年 7 月他被指控进行性交易而被捕，8 月在狱中自杀。见：Tiffany Hsu，"The Jeffrey Epstein Case Was Cold，Until a *Miami Herald* Reporter Got Accusers to Talk"，*The New York Times*，July 9，2019，https://www.nytimes.com/2019/07/09/business/media/miami-herald-epstein.html。

34. Jennifer Peltz，"Over 1000 Arrests Nationwide After Authorities Test Backlogged Rape Kits"，*HuffPost*，March 13，2019，https://www.huffpost.com/entry/new-york-feds-join-to-get-100k-rape-kits-tested-around-us_n_5c88f54fe4b0fbd7661f8840?ncid=engmodushpmg00000006.

35. 事实上，我对废除监狱的观点表示支持，但没有致力于此。这是另一个问题，我在此不做评价。

36. 见：Andrew Van Dam，"Less Than 1% of Rapes Lead to Felony Convictions. At Least 89% of Victims Face Emotional and Physical Consequences"，*The Washington Post*，October 6，2018，https://www.washingtonpost.com/business/2018/10/06/less-than-percent-rapes-lead-felony-convictions-least-percent-victims-face-emotional-physical-consequences/。关于强奸及其后果，可参考哲学家 Susan J. Brison 的著作 *Aftermath：Violence and the Remaking of a Self*（Princeton：Princeton University Press，2002），其中有令人信服的第一手资料。

37. RAINN，"The Criminal Justice System：Statistics"，https://www.rainn.org/statistics/criminal-justice-system.

38. 在这一节中，我引用了我在 "The Daily Nous" 上写的一系列博客文章，由 Justin Weinberg 组稿收录，见："Philosophers on the Art of Morally Troubling Artists"，November 21，2017，http://dailynous.com/2017/11/21/philosophers-art-morally-troubling-artists/。

39. Roxane Gay，*Hunger：A Memoir of（My）Body*（New York：HarperCollins，2017），p. 44.

40. Tara Culp-Ressler，"Five Important Takeaways from a New National Study on U.S. Teens and Sexual Violence"，*Think Progress*，2013，https://thinkprogress.org/five-important-take-ways-from-a-new-national-study-on-u-s-teens-and-sexual-violence-9d454f54cea1/amp/.

41. 例如，可参见：David Finkelhor，Richard Ormrod，and Mark Chaffin，"Juveniles

Who Commit Sex Offenses Against Minors", *OJJDP Bulletin,* December 2009，https://www.ncjrs.gov/pdf files1/ojjdp/227763.pdf。

42. 见第五章和第八章中关于证言不公、不让提供证词和缩短证词的讨论。

43. T. Christian Miller and Ken Armstrong，"An Unbelievable Story of Rape"，*ProPublica*，December 16，2015，https://www.propublica.org/article/false-rape-accusations-an-unbelievable-story。此案件后来被拍成电视剧《难以置信》（*Unbelievable*）。

44. 易卜拉欣的母亲桑德拉·艾伦说：

> 我们发现，在她报案后没几天，警方就开始调查［她］……警方对外宣扬，说他们会相信受害者，但我认为他们从一开始就懒得调查莱拉所说的情况。我要为她找回清白，到死我也不会放弃。发生在她身上的事情太可怕了，那天晚上她遭受了痛苦，后来又在监狱里受苦，到现在还在受苦。

易卜拉欣的律师奈杰尔·理查森补充说：

> 警方和 CPS［Crown Prosecution Service，皇家检察署］似乎特别卖力地追查这些案件。似乎在他们看来，对于向警方撒谎的人（他们是这样认为的），他们应该做出非常强烈的反应。于是，这个女人在警察眼中，从受害者变成了嫌疑人。她甚至可能不知道这一切已经发生。
> （Sandra Laville，"109 Women Prosecuted for False Rape Claims in Five Years，Say Campaigners"，*The Guardian*，December 1，2014，https://www.theguardian.com/law/2014/dec/01/109-women-prosecuted-false-rape-allegations）

45. 正如 Richard Ackland 在《卫报》上写道：

> 在任何情况下，法官都会偏向申请人的证据。［拉什的证人］阿姆菲尔没有看到任何不恰当的行为，布戴也没有看到；一些指控没有让作为证人的温特看到；诺维尔在证据中所说的事情没有出现在她最初准备的陈述中；即使在指控拉什对她有"不恰当"的行为之后，她还向拉什发出了友好的问候和短信。

判决书没有充分探讨为什么会出现这种情况，也没有在司法上明确承认拉什和那些为他做证的剧院主要成员之间的亲密友谊，这一点本应得到考虑和仔细权衡。

非常有可能的是……即使诺维尔在《李尔王》的制作期间很不愉快，但她仍然希望与拉什这样的重量级明星保持良好关系。这些都没有在判决书中得到充分的探讨……

诺维尔提供的证据说……她与奈文有过一次谈话，她说拉什骚扰了她。她告诉法庭，奈文的回答是："我认为杰弗里以后不会这样做了。"

［法官］不相信诺维尔向奈文表达了担忧。

他驳回了诺维尔对拉什有意抚摸她右胸的指责："拉什先生怎么可能在需要全神贯注表演如此高难度的场景时，去做抚摸诺维尔女士的胸部这样卑鄙而粗鲁的动作？"

至于喘气的表情符号所产生的"超出社交范围的不恰当想法"，法官也没当回事。虽然许多人可能认为这暗示了一个年长的男人对年轻女人的垂涎，但维格尼法官却得出完全不同的结论——这是无心之举，是在开玩笑，是想说他对错过诺维尔正在演出的戏剧的开幕之夜感到抱歉。

拉什"把手放在那里"的说法不可信。

（Richard Ackland，"The Geoffrey Rush Trial Shows Defamation Can Make Victims Become Victims All Over Again"，*The Guardian*，2019/04/17，https://www.theguardian.com/commentisfree/2019/apr/18/the-geoffrey-rush-trial-shows-defamation-can-make-victims-become-victims-all-over-again）

46. 拉什最初从《每日电讯报》获得了85万澳元的赔偿，因为该报刊登了有关诺维尔指控的详细报道。关于最终获得更多诽谤赔偿的细节，参见2019年5月23日《纽约时报》：Clarissa Sebag-Montefiore，"Geoffrey Rush Awarded $2 Million in Defamation Case, a Record for Australia"，https://www.nytimes.com/2019/05/23/world/australia/geoffrey-rush-defamation.html。

47. Nicole Pasulka，"How 4 Gay Black Women Fought Back Against Sexual Harassment—and Landed in Jail"，*Code Switch*，NPR，June 30, 2015，https://www.npr.org/sections/codeswitch/2015/06/30/418634390/how-4-gay-black-women-fought-back-against-a-sexual-harasser-and-landed-in-jail.

48. 关于本书中的许多主题，我强烈怀疑非二元性别者的遭遇也是如此，甚至更糟。

49. 一个更准确的术语是"非自愿色情录像"（nonconsensual pornography），因为许多犯罪者不是出于报复的动机——不管怎么样，他们的动机不是这里要讨论的重点。对这一现象的详尽分析，及其性别化特征和法律后果，见：Danielle Keats Citron, *Hate Crimes in Cyberspace* (Cambridge, Mass.: Harvard University Press, 2014)。

第四章　强加于人的性——关于男性有权利让女人同意

1. Kristen Roupenian, "Cat Person", *The New Yorker*, https://www.newyorker.com/magazine/2017/12/11/cat-person.

2. Bari Weiss, "Aziz Ansari Is Guilty. Of Not Being a Mind Reader", *The New York Times*, January 15, 2018, https://www.nytimes.com/2018/01/15/opinion/aziz-ansari-babe-sexual-harassment.html.

3. Katie Way, "I Went on a Date with Aziz Ansari. It Turned into the Worst Night of My Life", *Babe*, January 13, 2018, https://babe.net/2018/01/13/aziz-ansari-28355.

4. 比较一下情景剧《费城永远阳光灿烂》(*It's Always Sunny in Philadelphia*) 中臭名昭著的那一集 (《男人们买船》): 一个男人对他的朋友说，说服一个女人在船上做爱会更容易，因为存在一种可能性，那就是如果她拒绝，她可能会受到伤害——而且她的尸体可以很方便地在海上被处理掉。这个人并不打算伤害女人，他只是想利用这种 "可能性"。

5. Jennifer Van Evra, "Sarah Silverman's Response to a Twitter Troll Is a Master Class in Compassion", CBC, January 3, 2018, https://www.cbc.ca/radio/q/blog/sarah-silverman-s-response-to-a-twitter-troll-is-a-master-class-in-compassion-1.4471337.

6. Caitlin Flanagan, "The Humiliation of Aziz Ansari", *The Atlantic*, January 14, 2018, https://www.theatlantic.com/entertainment/archive/2018/01/the-humiliation-of-aziz-ansari/550541/.

7. 且不说他很虚伪，因为安萨里的职业生涯大部分都与热爱 "现代浪漫" (modern romance) 的名声有关: 他用这个词作为书名于 2015 年出版了一本书，这也是他在网飞上的热播电视剧《无为大师》的重要主题之一。

8. Daniel Holloway, "Netflix Wants Aziz Ansari's *Master of None* to Return

for Season 3, Originals Chief Says", *Variet*, July 29, 2018, https://variety.com/2018/tv/news/Netflix-aziz-ansari-master-of-none-1202889434/.

9. Stanley Milgram, *Obedience to Authority: An Experimental View*（New York：Harper & Row, 1974）.

10. 同上，第 6 页。

11. Matthew Hollander, "The Repertoire of Resistance: Non-Compliance with Directives in Milgram's 'Obedience' Experiments", *British Journal of Social Psychology* 54, no. 3（2015）, pp. 425—444.

12. Milgram, *Obedience to Authority*, p. 9.

13. 同上，第 6 页。

14. 通过改变实验条件，例如让实验者在康涅狄格州一个阴暗的地下室里进行实验，表面上与著名的大学没有任何联系，结果服从率稍稍降低（但仍然很高）。米尔格拉姆还实验了许多其他条件，其中一些条件对实验结果产生了重大影响——例如，让实验者通过电话发布指令（这明显降低了服从率），让两个实验者互相争论（这大大降低了服从率）。出处同上，第六章和第八章。另一个有趣的条件是改变实验者的性别，由一个女性权威人物来做实验。但据我所知，这还未试过。

15. 同上，第 21 页。

16. 也有可能，所有听到第四条提令的参与者都已经准备离开了。但文中的解释也符合社会心理学的其他发现。例如，一项研究表明，当陌生人在公共汽车站向人们索要车费时，如果索要者明确告诉他们"你可以给也可以不给"，人们平均会给两倍的钱。见：Christopher Carpenter, "A Meta-Analysis of the Effectiveness of the 'But You Are Free' Compliance-Gaining Technique", *Communication Studies* 64, no. 1（2013）, pp. 6—17。

17. 约翰·萨比尼和莫里·西尔弗在对包括但不限于米尔格拉姆实验的社会心理学结果进行更广泛的讨论时写道：

> 我们认为，在社会心理学对人们种种令人惊讶和沮丧的行为方式的发现中，有一条线索贯穿始终：人们对世界的理解（……在服从性实验中的道德世界……）受到他们所认为的其他人对这些道德世界的看法的强烈影响。当没有人挑战我们时，我们自以为是地认为，我们会坚持自己的观点。但事实证明，当我们必须（在没有盟友的情况下）与其他人

的明确观点发生冲突时，要坚持自己的观点比我们想象的要难。

　　不仅如此，当人们知道自己的观点和别人不同，但又必须按照自己的观点采取行动时，他们付出的情感代价是尴尬。在这种情况下必须采取行动的人，会因为预期到尴尬而感到困惑和拘谨，我们认为这是从社会心理学研究中可以得到的教训。我们认为，人们也没有意识到，把害怕尴尬作为一种行为动机将会多么有效。

（John Sabini and Maury Silver，"Lack of Character Situationism Critiqued"，*Ethics* 115，no.3，2005，p. 559）

18.　"Harvey Weinstein: Full Transcript of the 'Horrifying' Exchange with Ambra Gutierrez"，*ABC News*，October 10，2017，https://www.abc.net.au/news/2017-10-11/harvey-weinstein-full-transcript-of-audio-with-ambra-gutierrez/9037268.

19.　Ronan Farrow，"From Aggressive Overtures to Sexual Assault: Harvey Weinstein's Accusers Tell Their Stories"，*The New Yorker*，October 10，2017，https://www.newyorker.com/news/news-desk/from-aggressive-overtures-to-sexual-assault-harvey-weinsteins-accusers-tell-their-stories。当然，我在本章中对韦恩斯坦的讨论侧重于其性胁迫的"软磨"的一面，这与男性的应得权利感有关，他们认为自己不仅有权得到性，还有权让女人同意。读者应该关注韦恩斯坦对多名受害者进行公然性侵犯的确凿证据——因为这些证据，他在2020年2月被判定为强奸罪和性犯罪。

20.　匿名作者，参见："We Need to Talk About Sexual Assault in Marriage"，*Vox*，March 8，2018，https://www.vox.com/first-person/2018/3/8/17087628/sexual-assault-marriage-metoo。

21.　第20条注释引用的 *Vox* 文章的作者不仅提到与丈夫谈论她的经历有多么困难，而且"几乎每个和我讨论过这个话题的女人都分享了这类在婚姻中被迫接受性的经历——或是她自己的，或是朋友的，或者两者都有"。然而，正如她所说的，这类叙述是很难得到的（即使是她自己的叙述也是匿名的，这非常容易理解）。

22.　Salma Hayek，"Harvey Weinstein Is My Monster Too"，*The New York Times*，December 12，2017，https://www.nytimes.com/interactive/2017/12/13/opinion/contributors/salma-hayek-harvey-weinstein.html.

23.　我这里引用了我的文章，可见："Salma Hayek Was Destroyed by the Same Shame That Protected Harvey Weinstein"，*Newsweek*，December 14，2017， https://www.newsweek.com/salma-hayek-shame-harvey-weinstein-748377。

24. 虽然这些都是虚构的案例，但它们证明了我目前研究所需的东西——关于这些事件中社会关系和两性关系的可理解性，不管这些事是否真的在现实生活中发生。（事实上，我怀疑许多人会在这些人身上看到自己的经历，但是，我承认，这只是推测。）

25. 我 这里引用了我的文章，可见："Good Girls: How Powerful Men Get Away with Sexual Predation"，*HuffPost*，March 24, 2017, https://www.huffpost.com/entry/good-girls-or-why-powerful-men-get-to-keep-on-behaving_b_58d5b420e4b0f633072b37c3。

26. J. M. Coetzee, *Disgrace* (New York: Penguin, 1999), p. 23.

27. 同上。

28. 同上，第 28 页。

29. 同上，第 53 页。

第五章　没有医疗资格——关于女性有获得医疗的权利

1. Tressie McMillan Cottom, *Thick: And Other Essays* (New York: New Press, 2019), p. 82.

2. 同上。

3. 同上，第 83 页。

4. 同上。

5. 同上，第 83—84 页。

6. 同上，第 84—85 页。

7. 同上，第 85 页。

8. 美国疾病控制和预防中心怀孕死亡率监测系统，见：https://www.cdc.gov/reproductivehealth/maternalinfanthealth/pregnancy-mortality-surveillance-system.htm。

9. 最近对纽约市分娩情况的分析发现，"在当地医院分娩的受过大学教育的黑人母亲，比高中未毕业的白人女性更有可能遭受严重的怀孕或分娩并发症"——请注意，一个人能达到的最高教育水平是衡量其收入的相当可靠的指标。参见：New York City Department of Health and Mental Hygiene, *Severe Maternal*

Morbidity in New York City, 2008—2012（New York, 2016）, https://www1. nyc.gov/assets/doh/downloads/pdf/data/maternal-morbidity-report-08-12.pdf。

10. Linda Villarosa, "Why America's Black Mothers and Babies Are in a Life-or-Death Crisis", *The New York Times*, April 11, 2018, https://www.nytimes. com/2018/04/11/magazine/black-mothers-babies-death-maternal-mortality.html.

11. Maya Salam, "For Serena Williams, Childbirth Was a Harrowing Ordeal. She's Not Alone", *The New York Times*, January 11, 2018, https://www.nytimes. com/2018/01/11/sports/tennis/serena-williams-baby-vogue.html.

12. Cottom, *Thick*, pp. 85—86.

13. 在被转到这个疼痛专科诊所之前，女性病人比男性病人经历的疼痛时间更长，她们的年龄更大。另一项关于疼痛诊所的研究发现，女性更有可能由专家转到诊所，男性则由普通科室转到诊所。正如霍夫曼和塔齐安所指出的，"这些结果表明,女性在与医疗服务提供者的初次接触中会遭遇不信任或其他障碍"。见：Diane E. Hoffmann and Anita J. Tarzian, "The Girl Who Cried Pain: A Bias Against Women in the Treatment of Pain", *Journal of Law, Medicine and Ethics* 29（2001）, p. 17。

14. 当然，鉴于美国的阿片药物危机，在某些情况下，用阿片来缓解疼痛，充其量是件利弊参半的事。但我们这里的重点是，给男性开阿片而不是开到处都有的非处方非麻醉性止痛药，这个做法表明男性的疼痛比女性的疼痛更受重视——这么做能否达到最佳临床效果尚未可知，但一定会有药物上瘾的风险。

15. Hoffmann and Tarzian, "The Girl Who Cried Pain", p. 19.

16. 同上，第 20 页。

17. Anke Samulowitz, Ida Gremyr, Erik Eriksson, and Gunnel Hensing, "'Brave Men' and 'Emotional Women': A Theory-Guided Literature Review on Gender Bias in Health Care and Gendered Norms Towards Patients with Chronic Pain", *Pain Research and Management* 2018（2018）, p. 10.

同样，在谈到急诊室治疗时，卡罗琳·克里亚多·佩雷斯写道："美国医学研究所 2011 年发布的一份关于慢性疼痛的出版物表明，[自 20 世纪 90 年代及 2000 年以来]没有太多变化，报告称，女性疼痛患者'不能及时得到正确诊断，只能接受方法不当、疗效未经证实的治疗'，'还受到来自医疗保健系统的忽视、敷衍和歧视'。"见：Caroline Criado Perez, *Invisible Women: Data Bias in a World Designed for Men*（New York: Abrams, 2019）, p. 228。

18. Samulowitz et al., p. 8.

19. 在一项研究中，许多接受采访的医生都认为纤维肌痛患者是在装病，并因他们浪费了自己的时间而感到厌烦。临床医生甚至认为有些病人的病痛是他们自己造成的。同上，第 5 页。

20. 同上，第 7 页。

21. 同上，第 5 页。

22. Kate Hunt, Joy Adamson, Catherine Hewitt, and Irwin Nazareth, "Do Women Consult More Than Men？ A Review of Gender and Consultation for Back Pain and Headache", *Journal of Health Services Research and Policy* 16, no. 2（2011）, pp. 108—113.

23. 同上，第 109 页。

24. 同上，第 116 页。

25. 同上，第 109 页。

26. 同上，第 116 页。

27. 见：Lindsey L. Cohen, Jean Cobb, and Sarah R. Martin, "Gender Biases in Adult Ratings of Pediatric Pain", *Children's Health Care* 43, no. 2（2014）, pp. 87—95；Brian D. Earp, Joshua T. Monrad, Marianne LaFrance, John A. Bargh, Lindsey L. Cohen, and Jennifer A. Richeson, "Gender Bias in Pediatric Pain Assessment", *Journal of Pediatric Psychology* 44, no. 4（2019）, pp. 403—414。

28. 有趣的是，最近由 Earp 等人（出处同上）所做的重复试验对观看录像的女性参与者产生了明显的影响，而对男性参与者则没有。对这一结果的解释还不清楚，但符合一个事实，即女性和男性一样有性别歧视——也许在这种情况下更是如此。关于此类歧视的讨论见本书第九章。

29. 与这种说法相反的是，由于较后阶段才出现的差异——例如，青春期开始起作用的激素因素，才形成的（据说）天生的特质。

30. Samulowitz et. al., "'Brave Men' and 'Emotional Women'", p. 10.

31. 我这里之所以用到"特权"这个词，部分原因是，种族主义以及厌女症，还有它们极其有害的混合体——厌黑女症，无疑在疼痛治疗不足方面起到了关键的负面作用。2016 年，一项具有里程碑意义的研究揭示了其中的原因，正如研究人员所指出的，"相对于美国白人，美国黑人的疼痛治疗呈现系统性不足"。他们调查了在黑人和白人之间的生物差异方面是否存在具有普遍的错误认识（例如，"黑人的皮肤比白人的皮肤更厚"），结果发现，在他们的白人医学生和住院医生样本中，有整整一半的人都有这些错误的想法。这些参与者还更倾向于认为，黑人病人感觉到的痛苦比白人病人少，在涉及他们的疼痛管理时会提出更不准确的建议。见：Kelly M. Hoffman, Sophie Trawalter, Jordan R. Axt, and M. Norman Oliver, "Racial Bias in Pain Assessment", *Proceedings of the National Academy of Sciences* 113, no. 16（2016），pp. 4296—4301。

32. Kristie Dotson, "Tracking Epistemic Violence, Tracking Practices of Silencing", *Hypatia* 26, no. 2（2011），p. 242。有关多森的"证言窒息"（一种带有胁迫性的自我沉默）概念，将在第八章"不要质疑男人"中讨论。

33. Miranda Fricker, *Epistemic Injustice: Power and the Ethics of Knowing*（Oxford: Oxford University Press, 2007），chapters 1—2。

34. 这个词由贝利在 2008 年提出，并由贝利和特鲁迪（推特名 @thetrudz）从 2010 年开始在网上使用，关于这个词的历史，参见他们合著的文章：Moya Bailey and Trudy, "On Misogynoir: Citation, Erasure, and Plagiarism", *Feminist Media Studies* 18, no. 4（2018），pp. 762—768。

35. Jazmine Joyner, "Nobody Believes That Black Women Are in Pain, and It's Killing Us", *Wear Your Voice Magazine*, May 25, 2018, https://wearyourvoicemag. com/race/black-women-are-in-pain.

36. 可比较蕾切尔的经历，她的丈夫描述了她因输卵管扭曲而饱受痛苦的经历，见：Joe Fassler, "How Doctors Take Women's Pain Less Seriously", *The Atlantic*, October 15, 2015, https://www.theatlantic.com/health/archive/2015/10/emergency-room-wait-times-sexism /410515/。我丝毫无意淡化蕾切尔所经历的痛苦和不公正待遇的严重性，我想说的是，与乔伊纳相比，蕾切尔的故事得到了更多支持（并出现在一个重要杂志上）。因为，厌黑女症部分表现为对黑人女性的痛苦和她们所受不公正待遇的敌意冷漠——而蕾切尔不同，因为据推断她是一位白人女性。还有一个事实是，蕾切尔的故事是由她的丈夫讲述的，因此可以说是得益于他（男性）的证词的重要性。

37. Jazmine Joyner, "Nobody Believes That Black Women Are in Pain", *Wear Your Voice Magazine*.

38. 与 Tammy Nyden 的谈话非常有价值，这些谈话帮助我认识到，在美国的医疗系统中，患有精神疾病的儿童的母亲受到了不当对待——她们被视为"坏"

女人，因其子女的痛苦挣扎而受到指责。

39. Patricia Hill Collins, *Black Feminist Thought: Knowledge, Consciousness, and the Politics of Empowerment*, 2nd ed.（New York: Routledge, 2000）, p. 72.

40. 同样，当女性的证词对有权势的男人不利时，例如，控告他们有性虐待和其他虐待行为时，一种明显的倾向是他们得不到信任。与此相反，当她们的证词对这些男人有利时，"证言不公"就不会成为问题了。因此，还是一样的道理，对于属于某个特定社会类别的发声者来说，证词是否被驳回，既非偶然也非普遍，而往往是出于维护和维持现有社会等级制度的需要。参见我的书《不只是厌女》的导言和第六章。关于这些话题的更多讨论，见本书第八章"不要质疑男人"。

41. Angela Garbes, *Like a Mother: A Feminist Journey Through the Science and Culture of Pregnancy*（New York: HarperCollins, 2018）, p. 28.

42. 我说"确实如此"是因为，正如皮尤研究中心最近的统计资料显示，白人女性在与任何其他群体的跨种族婚姻中，所占比率都是最低的。见："Intermarriage in the U.S., 50 Years After *Loving v. Virginia*", May 18, 2017, https://www.pewsocial trends.org/2017/05/18/1-trends and-patterns-in-intermarriage/。

43. Criado Perez, *Invisible Women*, p. 234.

44. 同上。

45. 同上，第 196 页。

46. 甚至非人类动物研究也表现出这种普遍的偏见：2014 年的一项调查发现，在有性别说明的研究中，约有 80% 的研究只使用了雄性动物，尽管雄性老鼠比雌性老鼠的可变性更大一些。出处同上，第 205 页。

47. 同上，第 209 页。

48. 同上，第 228 页。

49. 同上，第 212—218 页。

50. 同上，第 204—205 页。

51. 同上，第 222 页。

52. Cory Doctorow, "Women Are Much More Likely to Be Injured in Car Crashes, Probably Because Crash-Test Dummies Are Mostly Male-Shaped", *Boing Boing*, July 23, 2019, https://boingboing.net/2019/07/23/in-every-dreamhome-a-heartache.html.

53. Criado Perez, *Invisible Women*, p. 233.

54. 同上，第 233 页。

55. 同上，第 234 页。

第六章　我的身体我做主——关于女性有控制身体的权利

1. 六名民主党人对该法案投了反对票，其中两名是女性；三名州参议员（一名女性民主党人和两名男性共和党人）没有投票支持该法案；一名女性民主党人弃权。

2. 这项被称为"人类生命保护法"的法案还将堕胎重新归类为 A 级重罪，对实施堕胎的医生可处以最高 99 年的监禁。有关该法案后来如何被搁置的细节，见：Alice Miranda, "Federal Judge Blocks Alabama's Near-Total Abortion Ban", *Politico*, October 29, 2019, https://www.politico.com/news/2019/10/29/federal-judge-blocks-alabamas-near-total-abortion-ban-061069。

3. 在我写作此书时，胎儿存活期前允许堕胎的权利受到宪法保护——不过，鉴于布雷特·卡瓦诺众所周知的反堕胎立场以及他在最高法院的地位，这种情况可能不会持续太久。

4. Jessica Glenza, "The Anti-Gay Extremist Behind America's Fiercely Strict Abortion Bans", *The Guardian*, April 25, 2019, https://www.theguardian.com/world/2019/apr/25/the-anti-abortion-crusader-hopes-her-heartbeat-law-will-test-roe-v-wade.

   在我写作此书时，此类法案已在七个州签署成为法律（虽然后来被废除）。这七个州是艾奥瓦州、肯塔基州、密西西比州、北达科他州、俄亥俄州、乔治亚州和密苏里州。我开头提到的亚拉巴马州法案甚至更加严格。

5. 多年来，反堕胎运动还使就诊的孕妇大大减少，许多诊所因此而关闭。更多讨论参见我的书《不只是厌女》第三章。

6. Katie Heaney, "Embryos Don't Have Hearts", *The Cut*, May 24, 2019, https://www.thecut.com/2019/05/embryos-dont-have-hearts.html.

7. Lydia O'Connor, "The Lawmakers Behind 'Fetal Heartbeat' Abortion Bans Are Lying to You", *HuffPost*, May 22, 2019, https://www.huffpost.com/entry/six-week-fetal-heartbeat-abortion-ban-lies_n_5ce42ccae4b075a35a2e6fb0.

8. Kate Smith, "A Pregnant 11-Year-Old Rape Victim in Ohio Would No Longer

Be Allowed to Have an Abortion Under New State Law", *CBS News*, May 14, 2019, https://www.cbsnews.com/news/ohio-abortion-heartbeat-bill-pregnant-11-year-old-rape-victim-barred-abortion-after-new-ohio-abortion-bill-2019-05-13/.

9. Jonathan Stempel, "U.S. Judge Blocks Ohio 'Heartbeat' Law to End Most Abortions", *Reuters*, July 3, 2019, https://www.reuters.com/article/us-usa-abortion-ohio/u-s-judge-blocks-ohio-heartbeat-law-to-end-most-abortions-idUSKCN1TY2PK.

10. Laurie Penny, "The Criminalization of Women's Bodies Is All About Conservative Male Power", *The New Republic*, May 17, 2019, https://newrepublic.com/article/153942/criminalization-womens-bodies-conservative-male-power.

11. Daniel Politi, "Trump: After Birth, Baby Is 'Wrapped' in a Blanket and Mother, Doctor Decide Whether to 'Execute the Baby'", *Slate*, April 28, 2019, https://slate.com/news-and-politics/2019/04/trump-abortion-baby-wrapped-blanket-execute-baby.html。 再比较一下副总统迈克·彭斯的推特，他提到 2019 年 5 月在时代广场举行的反堕胎抗议活动，当时，巨型屏幕上出现了一个三个月胎儿的超声波："当纽约州和弗吉尼亚州的民主党州长鼓吹孕晚期堕胎甚至杀婴时，当国会的民主党人禁止对出生权保护法案（Born-Alive bill）进行投票时，今天在时代广场上，这个超声波向所有人展示了生命的奇迹。"（https://twitter.com/vp/status/1124742840184201216?lang=en）

12. 反堕胎活动家挟持了"孕晚期"（late-term）这个说法，这是一个用于描述怀孕超过 40 周的医学用语。见：Pam Belluck, "What Is Late-Term Abortion? Trump Got It Wrong", *The New York Times*, February 6, 2019, https://www.nytimes.com/2019/02/06/health/late-term-abortion-trump.html。

13. Jia Tolentino, "Interview with a Woman Who Recently Had an Abortion at 32 Weeks", *Jezebel*, June 15, 2016, https://jezebel.com/interview-with-a-woman-who-recently-had-an-abortion-at-1781972395.

14. 当时的操作步骤是先给伊丽莎白打了一针，以防她在飞回纽约前分娩。回到纽约后，她通过阴道分娩，但没有有力，医生用镊子和手把胎儿取了出来（这是一个极其痛苦的过程，如果胎儿仍然活着，从道德角度来说他们是不可能这样做的）。

　　科罗拉多州那家诊所的全部堕胎手术费用为 25000 美元，但该诊所也只能勉强维持生计，部分原因是他们需要支付风险津贴来留住员工。事实上，在托伦蒂诺的采访发表时，该诊所的屋顶正在漏水。

15. Lori Mooreaug，"Rep. Todd Akin: The Statement and the Reaction"，*The New York Times*，August 20，2012，https://www.nytimes.com/2012/08/21/us/politics/rep-todd-akin-legitimate-rape-statement-and-reaction.html.

16. Susan Milligan，"Go Back to Health Class"，*U.S. News & World Report*，February 24，2015，https://www.usnews.com/opinion/blogs/susan-milligan/2015/02/24/idaho-lawmaker-asks-about-swallowing-cameras-to-get-pregnancy-pictures.

17. 这位立法者主张为一个不可能存在的手术提供保险。可见：Kayla Epstein，"A Sponsor of an Ohio Abortion Bill Thinks You Can Reimplant Ectopic Pregnancies. You Can't"，*The Washington Post*，May 10，2019，https://www.washingtonpost.com/health/2019/05/10/sponsor-an-ohio-abortion-bill-thinks-you-can-reimplant-ectopic-pregnancies-you-cant/。

18. 在输卵管以外着床的宫外孕（如在腹腔），胎儿偶尔也是可以成活的，但这种情况极其罕见。

19. 根据最新数据，宫外孕出血在所有与怀孕有关的死亡中占 4%—10%，在美国，这是孕期头三个月孕妇的主要死因。见：Krissi Danielsson，"Ectopic Pregnancy Statistics"，*Very well Family*，published August 1，2019，updated October 29，2019，https://www.verywellfamily.com/what-do-statistics-look-like-for-ectopic-pregnancy-2371730。

20. Georgi Boorman，"Is Abortion Really Necessary for Treating Ectopic Pregnancies？"，*The Federalist*，September 9，2019，https://thefederalist.com/2019/09/09/is-abortion-really-necessary-for-treating-ectopic-pregnancies/.

21. 见：https://twitter.com/DrJenGunter/status/1171167907834806272（内容摘取时间为 2019 年 9 月 18 号）。

22. 面对医学界的广泛谴责，布尔曼最终为她的文章道歉，说这篇文章不再代表她的观点，见："I Was Wrong: Sometimes It's Necessary to Remove Ectopic Babies to Save Their Mother's Life"，*The Federalist*，September 19，2019，https://thefederalist.com/2019/09/19/I-was-wrong-sometimes-its-necessary-to-remove-ectopic-babies-to-save-their-mothers-life/。但在我写作本书时（2019 年 9 月 23 日），*The Federalist* 的网站上仍有她的原文，尽管文后附有布尔曼后

来道歉和公开认错的链接。

值得注意的是，与白人女性相比，黑人女性宫外孕的死亡率要高得多（近七倍）。上一章我们重点讨论的黑人女性医疗保健状况堪忧，由此可见一斑。

23. Jess Morales Rocketto, "Seven Children Have Died in Immigration Custody. Remember Their Names", *BuzzFeed News*, September 30, 2019, https://www. buzzfeednews.com/article/jessmoralesrocketto/remember-their-names.

24. Jay Parini, "Alabama's 'Pro-Life' Governor Is a Hypocrite", *CNN*, May 17, 2019, https://www.cnn.com/2019/05/16/opinions/alabama-kay-ivey-hypocrisy-parini/index.html.

25. Roni Caryn Rabin, "Huge Racial Disparities Found in Deaths Linked to Pregnancy", *The New York Times*, May 7, 2019, https://www.nytimes. com/2019/05/07/health/pregnancy-deaths-.html.

26. 每年仅在美国就有数以亿计有心跳的脆弱生命（养殖场里的非人类动物）被残忍屠杀，他们对此也没有表示气愤和不安。还有那些被用于不必要的、残酷的实验和测试的非人类动物。

27. Maggie Fox, "Abortion Rates Go Down When Countries Make It Legal: Report", *NBC News*, May 20, 2018, https://www.nbcnews.com/health/health-care/abortion-rates-go-down-when-countries-make-it-legal-report-n858476.

28. Reva B. Siegel and Linda Greenhouse, "Before (and After) *Roe v. Wade* : New Questions About Backlash", *Faculty Scholarship Series* 4135 (2011), pp. 2056—2057. https://digitalcommons.law.yale.edu/cgi/viewcontent. cgi?article=5151&context=fss_papers.

29. 同上，第 2057 页。

30. Linda Greenhouse and Reva B. Siegel, *Before Roe v. Wade: Voices that Shaped the Abortion Debate Before the Supreme Court's Ruling* (New York: Kaplan, 2010), p. 257.

正如格林豪斯和西格尔在他们的文章中所表明的那样，尼克松的反堕胎立场最终取得的效果非常有限：

在堕胎问题上表明立场本身似乎并没有什么好处，但尼克松的竞选团队看到了利用堕胎问题带来的战略利益，因为它具有表达社会保守主义的力量。1972 年 8 月 28 日，竞选战略家向约翰·埃利希曼发送了数据，显示"包括罗马天主教徒在内的大多数美国人现在赞成自由的堕胎法"，"总统决定将此事留给各州处理，……私下里申明，'堕胎改革'不是联邦政府采取行动的适当理由"，他"作为总统绝不会采取行动"。就在三天前，全国各地报纸公布的 1972 年中期的盖洛普民意调查显示，"64%的人支持堕胎法完全自由化，创下了历史新高"，比前一年的 1 月份有了大幅增长。与教会高层日益大力宣扬的教义信息相反的是，新民意调查显示，相当多的天主教徒事实上支持放宽堕胎："56% 的天主教徒认为，堕胎应该由女性和她的医生决定。"……1972 年 11 月，在最高法院宣判罗诉韦德案的两个月前，尼克松在大多数天主教选民的支持下赢得连任，尽管堕胎并不是为他拉选票的重要决定因素。不久之后，当法院宣判罗伊案时，尼克松"指示他的助手们'不要参与'该案"。

[Greenhouse and Siegel，"Before（and After）*Roe v. Wade*，p. 2058]

31. Greenhouse and Siegel, *Before Roe v. Wade*, p. 257.

32. Michelle Oberman and W. David Ball, "When We Talk About Abortion, Let's Talk About Men", *The New York Times*, June 2, 2019, https://www.nytimes. com/2019/06/02/opinion/abortion-laws-men.html.

33. Jill Filipovic, "Alabama's Abortion Bill Is Immoral, Inhumane, and Wildly Inconsistent", *Vanity Fair*, May 15, 2019, https://www.vanityfair. com/style/2019/05/alabamas-abortion-bill-is-immoral-inhumane-and-wildly- inconsistent.

34. 许多跨性别男性，以及可以怀孕的非二元性别者，同样受到随之而来的政策的影响。

35. 劳丽·彭妮在 "The Criminalization of Women's Bodies" 一文中写道，本章中所讨论的反堕胎法是"把女人当作物品"，见：https://newrepublic.com/ article/153942/criminalization-womens-bodies-conservative-male-power。

36. 众所周知，一些反对堕胎的共和党人曾促成或积极迫使他们的女性性伴侣堕胎，包括 Scott Lloyd、Elliott Broidy、Tim Murphy 和 Scott DesJarlais。前两个人甚至为堕胎手术支付了（全部或部分）费用。见：Arwa Mahdawi, "A Republican Theme on Abortions: 'It's OK for Me, Evil for Thee'", *The Guardian*, August 25, 2018, https://www.theguardian.com/world/2018/aug/25/ a-republican-theme-on-abortions-its-ok-for-me-evil-for-thee。

37. Emily Oster, *Expecting Better: Why the Conventional Pregnancy Wisdom Is*

Wrong—and What You Really Need to Know (New York: Penguin, 2018), pp. 40—52.

38. 当然，我这么说并不是要完全否认自然分娩的好处，但是我们必须要对许多病人面临的风险、困难或不可能进行阴道分娩的情况进行合理的权衡。见妇产科医生 Amy Tuteur 的 *Push Back: Guilt in the Age of Natural Parenting* (New York: Dey Street, 2016)，该书精彩地描述了除了所谓的自然分娩之外，其他分娩方式如何成为父母的罪恶感之源，事实上，这种强烈的罪恶感是完全不必要的。另见: Quill R. Kukla 以 Rebecca Kukla 为笔名写的 *Mass Hysteria: Medicine, Culture, and Mothers' Bodies* (Lanham, MD: Rowman & Littlefield, 2005)，该书对妊娠监控做了充分全面的描述。

39. Emily Oster, *Cribsheet: A Data-Driven Guide to Better, More Relaxed Parenting, from Birth to Preschool* (New York: Penguin, 2019), chapter 4.

40. 关于跨性别者的喂奶问题，人们对这么做的代价和好处也常常缺乏考虑——而且，恐跨症和排他性观点可能会让这种情况充满身体控制、内疚和羞辱。

41. Kirsten Powers, "Kevin Williamson Is Wrong. Hanging Women Who Have an Abortion Is Not Pro-Life", *USA Today*, April 6, 2018, https://www.usatoday.com/story/opinion/2018/04/06/kevin-williamson-atlantic-fired-hanging-women-who-have-abortion-column/491590002/。关于这种观点的进一步讨论，见《不只是厌女》，第 96—98 页。

42. Ronald Brownstein, "White Women Are Helping States Pass Abortion Restrictions", *The Atlantic*, May 23, 2019, https://www.theatlantic.com/politics/archive/2019/05/white-women-and-support-restrictive-abortion-laws/590101/.

43. 此外:

> 在大多数情况下，怀孕提供了一个"若不是"的因素，这意味着若不是怀孕，针对该女性的行动就不会发生。在七个案例中，剥夺女性自由的做法还包括对女性在分娩后不再处于怀孕状态时的行动进行指控。
> [Lynne M. Paltrow and Jeanne Flavin. "Arrests of and Forced Interventions on Pregnant Women in the United States, 1973—2005: Implications for Women's Legal Status and Public Health", *Journal of Health Politics, Policy and Law* 38, no. 2 (2013), p. 301]

另一种残酷而普遍的做法是强迫被监禁的孕妇在戴着镣铐的情况下分娩。见："Shackling Pregnant Inmates Is Still a Practice in Many States"，*CBS News*，March 13，2019，https://www.cbsnews.com/news/shackling-pregnant-inmates-is-still-a-practice-in-many-states/。

在生育公平问题上还有许多其他悲剧，包括强迫绝育、强迫堕胎，以及从父母那里"带走"（或者更准确地说，偷走）孩子。这些罪行对那些生活贫穷的非白人、原住民以及残疾女性来说，是一个非常重要的话题，她们是极端脆弱的人群。但对这一话题做进一步讨论超出了本章范围，关于这个问题的有用的入门知识和一系列资源，见：Amanda Manes，"Reproductive Justice and Violence Against Women：Understanding the Intersections"，*VAWnet*，February 28，2017，https://vawnet.org/sc/reproductive-justice-violence-against-women-understanding-intersections。

44.　Paltrow and Flavin，"Arrests of and Forced Interventions on Pregnant Women in the United States"，p. 311.

45.　帕尔特洛和弗莱文解释道：

> 2008 年，在完成了定罪后救济程序之后，南卡罗来纳州最高法院一致推翻了对她的定罪，结论是，她在审判中得到了律师的无效援助。法院认为，州政府当时定罪时所依据的研究是"过时的"，并发现麦肯奈特的审判律师当时没有传唤专家，而这些专家本可以证明，"最近的研究表明，可卡因对胎儿的危害并不比使用尼古丁、营养不良、缺乏产前护理或其他通常与城市穷人有关的情况更严重"。为了避免ण重审而导致被判处更长的刑期，麦肯奈特承认犯有过失杀人罪，并被释放出狱。
>
> （Paltrow and Flavin，p. 306）

但是请注意，麦肯奈特仍然将被列为重刑犯。

46.　"'Bathroom Bill' Legislative Tracking"，http://www.ncsl.org/research/education/-bathroom-bill-legislative-tracking635951130.aspx.

47.　Brian Barnett，"Anti-Trans 'Bathroom Bills' Are Based on Lies. Here's the Research to Show It"，*HuffPost*，September 11，2019，https://www.huffpost.com/entry/opinion-transgender-bathroom-crime_n_5b96c5b0e4b0511db3e52825.

48. 另一个与反堕胎运动类似的现象是，白人顺性别女性在这种道德监督中经常扮演的角色，她们有时得到了所谓激进女权主义的支持。相关讨论可见：Katelyn Burns, "The Rise of Anti-Trans 'Radical' Feminists, Explained", *Vox*, September 5, 2019, https://www.vox.com/identities/2019/9/5/20840101/terfs-radical-feminists-gender-critical。

49. Barnett, "Anti-Trans 'Bathroom Bills' Are Based on Lies", *Huffpost*, https://www.huffpost.com/entry/opinion-transgender-bathroom-crime_n_5b96c5b0e4b0511db3e52825.

50. 除了下面即将讨论的贝特彻的作品外，也可参考 Robin Dembroff、Emi Koyama、Rachel V. McKinnon 和 Julia Serano 的作品，这些作品从女权主义视角对跨性别者的身份，以及针对跨性别者的恐惧症进行了讨论,很具启发性：

Robin Dembroff, "Real Talk on the Metaphysics of Gender", in *Gendered Oppression and its Intersections*, a special issue of *Philosophical Topics*, edited by Bianka Takaoka and Kate Manne, forthcoming.

Robin Dembroff, "Trans Women Are Victims of Misogyny, Too—and All Feminists Must Recognize This", *The Guardian*, May 19, 2019, https://www.theguardian.com/commentisfree/2019/may/19/valerie-jackson-trans-women-misogyny-feminism.

Emi Koyama, "The Transfeminist Manifesto", in *Catching a Wave: Reclaiming Feminism for the 21st Century*, edited by Rory Dicker and Alison Piepmeier (Boston: Northeastern University Press, 2003), pp. 244—259.

Rachel V. McKinnon, "Stereotype Threat and Attributional Ambiguity for Trans Women", *Hypatia* 29, no. 4 (2014), pp. 857—872.

Rachel V. McKinnon, "Trans*formative Experiences", *Res Philosophica* 92, no. 2 (2015), pp. 419—440.

Julia Serano, *Whipping Girl: A Transsexual Woman on Sexism and the Scapegoating of Femininity*, 2nd ed. (2007 ; repr., Berkeley, Calif.: Seal Press, 2016).

51. 见：Talia Mae Bettcher, "Full-Frontal Morality: The Naked Truth About Gender", *Hypatia* 27, no. 2 (2012), p. 320。她在这里借鉴了 Harold Garfinkel 的研究。

52. Talia Mae Bettcher, "Evil Deceivers and Make-Believers: On Transphobic

Violence and the Politics of Illusion", *Hypatia* 22, no. 3（2007）, pp. 43—65.

53. Bettcher, "Full-Frontal Morality", p. 332.

54. 许多州规定了另一个令人震惊的错误的伪义务：承认强奸犯有作为父亲的权利。见：Analyn Megison, "My Rapist Fought for Custody of My Daughter. States Can't Keep Survivors Tied to Rapists", *USA Today*, June 19, 2019, https://www. usatoday.com/story/opinion/voices/2019/06/19/abortion-laws-bans-rape-parental-rights-column/1432450001/。

55. Julie Euber, "American Medical Association: Transgender Deaths Are an Epidemic", *Non-Profit Quarterly*, October 2, 2019, https://nonprofitquarterly. org/american-medical-association-transgender-deaths-are-an-epidemic/. 关于美国跨性别女性与顺性别男性凶杀率的对比，数据科学家 Emily Gorcenski 的最新预测很有帮助，见："Transgender Murders: By the Numbers", January 13, 2019, https://emilygorcenski.com/post/transgender-murders-by-the-numbers/。请注意，对于有色跨性别女性来说，此处显示的风险特别高，见：Rick Rojas and Vanessa Swales, "18 Transgender Killings This Year Raise Fears of an 'Epidemic'", *The New York Times*, September 27, 2019, https://www. nytimes.com/2019/09/27/us/transgender-women-deaths.html。

56. Bettcher, "Evil Deceivers and Make-Believers", pp. 43—45.

57. 在审判无效后，麦吉德森和梅雷尔最终被判定犯有二级谋杀罪，没有因为仇恨罪加重定罪。纳博尔在一审时承认犯有故意杀人罪。卡泽尔最终对故意杀人罪表示无异议。

58. 关于恐跨症和恐同症之间的联系的细致讨论，见：Bettcher, "Evil Deceivers and Make-Believers", p. 47。

59. 因此，这是一个典型的"同情男性施害者"案例，这个概念我在前面的章节中解释并探讨过。

第七章　无人分担的家务——关于男人有权利让女人做家务

1. Darcy Lockman, *All the Rage: Mothers, Fathers, and the Myth of Equal Partnership*（New York: HarperCollins, 2019）, p. 205.

2. Jill E. Yavorsky, Claire M. Kamp Dush, and Sarah J. Schoppe-Sullivan, "The

Production of Inequality: The Gender Division of Labor Across the Transition to Parenthood", *Journal of Marriage and Family* 77, no. 3 (2015), pp. 662—679.

3. "Time Spent in Primary Activities by Married Mothers and Fathers by Employment Status of Self and Spouse...2011—2015", Bureau of Labor Statistics, https://www.bls.gov/tus/tables/a7_1115.pdf.

4. "Why the Majority of the World's Poor Are Women", *Oxfam International*, 见: https://www.oxfam.org/en/even-it/why-majority-worlds-poor-are-women （内容摘取时间为 2019 年 7 月 15 日）。

5. "Men Taking on 50 Percent of the World's Childcare and Domestic Work Requires Global Goal and Immediate Action, Reveals State of the World's Fathers Report", https://men-care.org/2017/06/09/men-taking-on-50-percent-of-the-worlds-childcare-and-domestic-work-requires-global-goal-and-immediate-action-reveals-state-of-the-worlds-fathers-report/; International Labour Organization, *A Quantum Leap for Gender Equality: For a Better Future of Work for All* (Geneva, Switzerland: International Labour Office, 2019), https://www.ilo.org/wcmsp5/groups/public/---dgreports/---dcomm/---publ/documents/publication/wcms_674831.pdf.

6. Sara Raley, Suzanne M. Bianchi, and Wendy Wang, "When Do Fathers Care? Mothers' Economic Contribution and Fathers' Involvement in Childcare", *American Journal of Sociology* 117, no. 5 (2005), pp. 1422—1459.

7. Lockman, *All the Rage*, p. 16.

8. "Sharing Chores at Home: Houses Divided", *Economist*, October 5, 2017, https://www.economist.com/international/2017/10/05/houses-divided.

9. Scott Coltrane, "Research on Household Labor: Modeling and Measuring the Social Embeddedness of Routine Family Work", *Journal of Marriage and Family* 62, no. 4 (2000), p. 1210.

10. Claire Kamp Dush, "Men Share Housework Equally—Until the First Baby", *Newsweek*, May 10, 2015, https://www.newsweek.com/men-share-housework-equally-until-first-baby-330347.

11. Lockman, *All the Rage*, p. 3.

12. Tracy Moore, "The Stupid-Easy Guide to Emotional Labor", *Mel Magazine*, 2018, https://melmagazine.com/en-us/story/the-stupid-easy-guide-to-emotional-

labor.

13. 在最近的一次采访中，霍克希尔德说：

> 正如我在《心灵的整饰》(*The Managed Heart*)中介绍的那样，情绪劳动是一种你会得到报酬的工作，其核心是要努力去感觉到在做某一工作时应该有的情感。这会涉及产生情感和压抑情感。有些工作需要付出大量的情感，有些则很少。空乘人员的工作需要他们比一般情况下更友好，收账员的工作则要求他们在必要时比一般情况下更严厉。有很多工作都需要情绪劳动，比如教师、疗养院护理员和儿童保育员。重要的是，虽然你可能也在从事体力劳动和脑力劳动，你被雇用和监督的是你管理情感和产生情感的能力。
>
> (Julie Beck, "The Concept Creep of 'Emotional Labor'", *The Atlantic*, November 26, 2018, https://www.theatlantic.com/family/archive/2018/11/arlie-hochschild-housework-isnt-emotional-labor/576637/)

14. Gemma Hartley, *Fed Up：Emotional Labor, Women, and the Way Forward* (New York：HarperCollins, 2018), pp. 3—4.

15. 同上，第 4 页。

16. 同上，第 1 页。

17. 同上，第 5 页。

18. 例如，可以参见：Eyal Abraham, Talma Hendler, Irit Shapira-Lichter, Yaniv Kanat-Maymon, Orna Zagoory-Sharon, and Ruth Feldman, "Father's Brain Is Sensitive to Childcare Experiences", *Proceedings of the National Academy of Sciences* 111, no. 27 (2014), pp. 9792—9797。关于这种性别歧视的假设在使父权社会秩序合理化和自然化方面所发挥的作用，更全面的讨论参见我的书《不只是厌女》第三章。

19. 见：Arlie Russell Hochschild (with Anne Machung), *The Second Shift：Working Families and the Revolution at Home* (London：Penguin, 1989), pp. 5—6，以及 Lockman, *All the Rage*, p. 17。

20. 值得注意的是，即使享有特权的女性在家务和养育孩子的责任方面确实获得了有偿帮助，她们也常常有额外的情感负担，因为她们必须独自处理与雇来帮助自己的人的关系。

21. Susan Chira, "Men Don't Want to Be Nurses. Their Wives Agree", *The New*

York Times，June 24，2017，https://www.nytimes.com/2017/06/24/opinion/ sunday/men-dont-want-to-be-nurses-their-wives-agree.html.

22. 同上。要承认的是，这项研究并没有涉及这些男人的妻子是否在本质上不赞成这种工作，认为有损丈夫的尊严；研究也没有预测，如果她们的丈夫确实从事了比原来社会地位低、工资收入少的工作，她们会不会在情感上无法接受。

23. 见：N. Gregory Mankiw，"Why Aren't More Men Working？"，*The New York Times*，June 15，2018，https://www.nytimes.com/2018/06/15/business/men-unemployment-jobs.html。请注意，在同一时期，失业女性的比例已大幅下降：从 1950 年的近三分之二降至今天的 43%。

24. 这段话引自洛克曼发表在《大西洋月刊》上的文章，见："Don't Be Grateful That Dad Does His Share"，May 7，2019，https://www.theatlantic.com/ideas/ archive/2019/05/mothers-shouldnt-be-grateful-their-husbands-help/588787/。

关于洛克曼在这里所借鉴的研究，可参见：Suzanne M. Bianchi，John P. Robinson，and Melissa A. Milkie，*Changing Rhythms of American Life* （New York：Russell Sage Foundation，2006），pp. 121—122；Andrea Doucet，"Can Parenting Be Equal? Rethinking Equality and Gender Differences in Parenting"，in *What Is Parenthood？*，edited by Linda C. McClain and Daniel Cere（New York：NYU Press，2013），pp. 251—275；Claire M. Kamp Dush，Jill E. Yavorsky，and Sarah J. Schoppe-Sullivan，"What Are Men Doing While Women Perform Extra Unpaid Labor？ Leisure and Specialization at the Transitions to Parenthood"，*Sex Roles* 78，no. 11—12（2018），pp. 715—730。

25. Hartley，*Fed Up*，pp. 27—28.

26. Jancee Dunn，*How Not to Hate Your Husband After Kids*（New York：Little，Brown，2017），p. 8.

27. 同上，第 58 页。

28. 同上，第 60 页。

29. Claire Cain Miller，"Why Women, but Not Men, Are Judged for a Messy House"，*The New York Times*，June 11，2019，https://www.nytimes. com/2019/06/11/upshot/why-women-but-not-men-are-judged-for-a-messy-house. html。尽管文章标题的态度如此鲜明，研究结果却有些模棱两可：

面对同一个干净的房间，如果参与者被告知住在里面的是一个女人时，他们会觉得这个房间没有那么干净，但如果说住在里面的是一个男人时，他们会觉得这个房间感觉更干净些。而且相比之下，他们认为来访者对她的评价会更负面，有人来访会让她感觉更不舒服。

男人和女人都会因为房间脏乱而受到批评。当参与者被告知住在房间里的是男人时，他们认为房间更迫切需要清洁，认为男人的责任心和勤劳程度比房间脏乱的女人要差。研究人员说，这种脏乱似乎与男人懒惰这一刻板印象联系在一起。

但是有一个重要的区别：与女人不同的是，参与者认为脏乱的男人不太可能被来访者评头论足，也不会因为有人来访而感到不舒服。

30. 不过请注意，人们通常认为女性比男性更容易注意到家里脏乱，或更善于同时做几件事，或更善于任务切换，但这样的假设已经被彻底推翻了。见：Leah Ruppanner，"Women Are Not Better at Multitasking. They Just Do More Work，Studies Show"，*Science Alert*，August 15，2019，https://www.sciencealert.com/women-aren-t-better-multitaskers-than-men-they-re-just-doing-more-work。

31. Lockman，*All the Rage*，p. 25.

32. 根据最近的报告，在美国，超过40%的母亲是家庭唯一或主要的养家者，只有不到四分之一的母亲是"共同养家者"——指"工资至少占家庭总收入25%"的已婚人士。此外，在有孩子的美国家庭中，超过三分之二的已婚母亲在家庭之外从事有偿工作。见：Sarah Jane Glynn，"Breadwinning Mothers Continue to Be the U.S. Norm"，*Centre for American Progress*，May 10，2019，https://www.americanprogress.org/issues/women/reports/2019/05/10/469739/breadwinning-mothers-continue-u-s-norm/。

33. Dunn，*How Not to Hate Your Husband*，p. 64.

34. 同上，第58页。

35. Lockman，"Don't Be Grateful"，*The Atlantic*.

36. Dunn，*How Not to Hate Your Husband*，p. 250.

37. 同时，如上所述，应该让大家——特别是要让相对富裕的白人女性意识到，剥削比她们更脆弱的女性是件危险的事：富裕的白人女性常常会利用贫困女性和有色女性进行护理劳动，而不是坚持让自己的男性伴侣参与。

38. Dunn，*How Not to Hate Your Husband*，p. 257.

39. 同上，第256页。

40. 同上，第 247 页。

41. 同上，第 272 页。

第八章　不要质疑男人——关于女性有表达认知的权利

1. Liv Little 对劳拉·多兹沃思的采访，见："Me and My Vulva：100 Women Reveal All"，*The Guardian*，February 9，2019，https://www.theguardian.com/lifeandstyle/2019/feb/09/me-and-my-vulva-100-women-reveal-all-photographs。

2. 例如，珍·甘特医生正确的干预，见：https://twitter.com/DrJenGunter/status/1094831250945191936（内容摘取时间为 2019 年 7 月 5 日）。

3. Julie Scagell，"Guy Mansplains 'Vulva' vs. 'Vagina' to Women and It Goes About as Well as Expected"，*Scary Mommy*，February 12，2019，https://www.scarymommy.com/vulva-versus-vagina-twitter/.

4. 他随后的一些评论简直就是语无伦次："你们是在回避问题，认为我用了一个简单的说法，我不这么认为。我对这种立场有异议。"这是他对（当时也许还算是正面的）一个说法的回应：认为他的错误只是把正确的解剖学术语"口语化"了，不应该用"阴道"代替"外阴"。

5. 关于如何对定义进行"改善"，Sally Haslanger 的论点具有开创性，参见我的书《不只是厌女》第一章和第二章。关于 Haslanger 富有创见和突破性的分析，见她的文章："Gender and Race：（What）Are They？（What）Do We Want Them to Be？"，*Noûs* 34，no. 1（2000），pp. 31—55。该文收入其专著：*Resisting Reality：Social Construction and Social Critique*（New York：Oxford University Press，2012）。

6. 像通常一样，我所说的"态度"并不是指深层次心理学上的东西——那是个体和心理学家想要弄清楚的东西。我感兴趣的是"这个态度是怎么回事"这样的常见问题。就像在这里，这种常见的不良行为到底反映和延续了什么样的普遍社会期望或假设？

7. 这不是第一次有男人试图在推特上纠正一个女人怎么描述他根本没有的身体部位。2016 年 10 月，在唐纳德·特朗普开着麦克风吹嘘自己"抓住女人的阴部"的音频曝光后，一个名为 @DaveBussone 的男性用户指出，阴道是一个内部器官，不可能因为被强行触摸或"抓住"而受到性侵犯。他在推特上对曾报道过这一事件的政治评论员 Kirsten Powers 说："通常情况下，我是不会批评你的。但这次不行。阴道是内部器官，查查解剖书吧。它不可能被抓住。#MAGA。"Kirsten Powers 在推特上回复他："我知道我的阴道在哪里。"见：https://www.facebook.com/kirstenpowers10/posts/1070957156354394/。

8. 我在这里把"认知权利"理解为一个贬义词，指的是那些无理过度地认为自己拥有这种权利的态度。在本书后面，我会把这种态度与有理由的或合理的认知权利感区分开来，例如，坚持自己的观点，宣称拥有知识，或有权威地传递信息。

9. 这里要做的另一个重要区分是在道德层面上的："证言不公"有关个体没有履行他们听取他人意见的认识论义务，而"认知权利"有关个体不恰当和过度的权利感和行为——换句话说，他们过度地认为别人有义务听他们的意见。见本章注释 20。

10. 多森对"证言窒息"的完整定义如下：

> 说到底，证言窒息指的是，说话者为了确保证词只包含听众有能力理解的内容而缩短自己的证词……通常有三种情况会出现证言窒息：1. 证言的内容必须是不安全、有风险的；2. 听众必须向说话者表现出自己不能理解证言的内容；3. 不能理解证言的原因必须是或似乎是有害的无知。
>
> ["Tracking Epistemic Violence, Tracking Practices of Silencing," *Hypatia* 26, no. 2（2011），p. 244]

11. Rebecca Solnit, "Men Explain Things to Me", reprinted in *Guernica magazine*, August 20, 2012, https://www.guernicamag.com/rebecca-solnit-men-explain-things-to-me/.

12. Tressie McMillan Cottom, *Thick: And Other Essays*（New York: New Press, 2019），p. 219.

13. 见：Patrick Hamilton, *Angel Street: A Victorian Thriller in Three Acts*（版权登记时题目为 *Gas Light*）（New York: Samuel French, 1939）。

14. 同上，第 5 页。

15. 这里触及了"煤气灯效应"中对体能不健全者的歧视：认为精神疾病应该被羞辱和污名化，而不是以人道的、有效的、非评判的方式对待。特别感谢 Bobbi Cohn 和 Nicholas Tilmes，以及我在康奈尔大学人文社会学会 2019 年春季"（Un）following"研讨会上其他成员对这一点的讨论。

16. 正如哲学家凯特·艾布拉姆森所认为的那样，制造疏离感是"煤气灯人"采用的一个关键策略，这样一来，受害者或被操纵对象就找不到可以方便咨询的人来证明或至少是支持她自己的看法。参见艾布拉姆森的文章："Turning Up the Lights on Gaslighting"，*Philosophical Perspectives* 28（2014），p. 2。

17. Hamilton，*Gas Light*，pp. 34—35.

18. 同上，第10—11页。

19. 在此值得注意的是，尽管"煤气灯效应"不一定是性别化的，但它经常利用和维护性别化带来的影响，凯特·艾布拉姆森对此做了阐述：

> 首先，（1）女性比男性更经常成为"煤气灯效应"行为的目标；（2）男性更经常参与"煤气灯效应"行为。更重要的是，"煤气灯效应"不一定经常带有性别歧视，例如在以下情况：（3）它经常发生在女性抗议性别歧视（或其他歧视）行为的背景下，以及对女性抗议做出回应的情况下；（4）"煤气灯效应"中使用的一些情感操纵手段经常取决于被操纵对象对性别歧视规范的内化；（5）当"煤气灯效应"成功时（当它用设计好的方式真的伤害了受操纵对象时），它可以加强受操纵对象试图抵抗的那些性别歧视规范和／或"煤气灯人"在操纵目标时依赖的那些规范；（6）有时暗含在"煤气灯人"通过"煤气灯效应"行为维护的那些性别歧视规范中。（Kate Abramson，"Turning Up the Lights"，p. 3）

20. 在本书的前面部分，我强调证言不公和对认知权利的不适当假设两者之间有一定区别。现在，我们可以在证言不公和"煤气灯效应"之间做出另一个值得强调的区别（正如我所论证的，"煤气灯效应"往往源于一种极端形式的认知权利）。证言不公涉及犯罪人没有履行其将对话者视为有知识者或潜在有知识者的道德义务。"煤气灯效应"涉及犯罪人（即"煤气灯人"）向对话者施加错误的道德义务，将"煤气灯人"视为交流中的有知识者，而无视对话者自身在认知上的潜在优越性。因此，尽管"煤气灯效应"可能是一种证言不公的形式——这一点 Rachel V. McKinnon 做过有说服力的论证——但它远不仅如此，特别令人毛骨悚然。见：Rachel V. McKinnon，"Allies Behaving Badly: Gaslighting as Epistemic Injustice"，in *The Routledge Handbook of Epistemic Injustice*，edited by Gaile Polhaus, Jr., Ian James Kidd, and José Medina（New York: Routledge，2017），pp. 167—175。

21. Abramson，"Turning up the Lights"，p. 9.

22. Kyle Swenson，"Abuse Survivor Confronts Gymnastics Doctor：'I Have Been Coming for You for a Long Time'"，*The Washington Post*，January 17，2018，https://www.washingtonpost.com/news/morning-mix/wp/2018/01/17/ive-been-coming-for-you-for-a-long-time-abuse-survivor-confronts-gymnastics-doctor/.

23. 约翰·米汉还试图将黛布拉·纽厄尔与她的孩子和其他亲属隔离开来。正如凯特·艾布拉姆森所论证的那样，这也是"煤气灯人"采用的常见策略（见本章注释 16）。

24. 关于这句话和以下来自播客《卑鄙约翰》的节选，见：https://www.latimes.com/projects/la-me-dirty-john/。

25. 在这里，我使用的"煤气灯效应"概念比凯特·艾布拉姆森的概念更加宽泛，她写道：

> ["煤气灯效应"这个词]表述的现象是一种情绪操纵的形式，其中"煤气灯人"试图（有意识或无意识地）诱导某人认为自己的反应、感知、记忆和/或信念不仅是错误的，而且是完全没有依据的——毫无根据，以至可以称之为疯狂。……"煤气灯效应"的目的是让另一个人不把自己作为一个需要认真对待的对话者。

她后来写道：

> "煤气灯人"指责他们的被操纵对象疯狂、过度敏感、偏执。这些词语在"煤气灯效应"的语境中有相同之处，它们都是指责某人不仅仅是犯了错误或误解了他人，而且还没有能力判断她是否错误或误解。这些指责针对被操纵对象的基本理性能力——她了解事实的能力，考虑问题的能力，基本评价能力和适当反应的能力；归根结底，是针对她作为思考者和道德个体的独立地位。如果"煤气灯效应"得逞，它会使被操纵对象疯狂，因为它深深地破坏了一个人上述独立地位的各个方面。
>
> ("Turning Up the Lights"，p. 2 and p. 8)

26. 黛布拉·纽厄尔之所以准备原谅她的丈夫并放弃自己的想法，和她过去的一段经历有关。她的姐姐辛迪在数十年前被丈夫比利·维克斯杀害了——在辛迪提出离婚后，丈夫近距离对着她的后脑勺开枪。然而，辛迪和黛布拉的母亲阿兰·哈特却原谅了比利的一切，甚至主动站出来，在谋杀案审判中为他做证。她采用了一种极端的宽恕方式——至少据一些目睹其行为的人说，她的证词伤害了她自己的女儿。克里斯托弗·戈法尔写道：

> 她的证词让检察官托马斯·阿夫迪夫目瞪口呆，他觉得她的做法太冷血了。他认为，根据母亲的证词……是辛迪虐待了她的丈夫。
>
> "他们把她抛弃了。"阿夫迪夫说，"我不知道这个家庭是怎么回事。我永远无法理解这一点。为什么要说受害者的坏话？"
>
> （https://www.latimes.com/projects/la-me-dirty-john/）

通过探讨一种普遍的倾向，即同情男性犯罪者而不是女性受害者（在这个案例中，是她的亲生女儿），我希望这本书有助于回答他提出的那个尖锐的问题。一句话，"同情男性施害者"现象要对很多人的行为负责。

27. 有些人可能坚持认为，"煤气灯效应"涉及"煤气灯人"将受害者逼疯的动机。但是，在我看来，这使得"煤气灯效应"过于依赖心理因素——既产生了过于心理学性质的定义，又要求犯罪人有太多的意图。我更倾向于根据该行为试图达到的东西（即其目的或"目标"）来定义"煤气灯效应"。具体而言，"煤气灯人"是否有意识地以这个目的为目标，是否采用了导致受害者疯狂的手段或道德化的策略（或两者的某种组合，或者也许完全是另一种策略，如威胁行为）。但是，当然，我并不想假装这里这些简短的评论有暗示性。理解和定义"煤气灯效应"的最佳方式是一个更大的哲学话题，有兴趣的读者最好阅读上文注释中提到的凯特·艾布拉姆森和 Rachel V. McKinnon 等人富有启发性的文章。

28. 克里斯托弗·戈法尔评论说，约翰·米汉"赞同黑帮的行事方式，特别是在对待敌人的时候。他多次对冷血精神表示赞同：死去的敌人不会受苦，所以你要去找他们爱的人，你要去找他们的家人"。这就是为什么有一天晚上，他带着警方所说的"绑架工具"——包括胶带、扎带、一套厨房刀具、一小瓶注射用的睾丸素和他的护照，来到泰拉·纽厄尔的公寓。约翰开始用刀刺泰拉，她设法反击，最终成功地解除了他的武器，并且出于自卫刺了他几刀。四天后，他死在医院里。戈法尔写道："侦探们告诉检察官马特·墨菲，这看起来是一个明显的自卫案件。在这种情况下，如果他得逞，最后的结果通常是凶手在逃，受害者被杀后被扔在高速公路上或沙漠中。"

泰拉既没有被逮捕，也没有被起诉。

（https://www.latimes.com/projects/la-me-dirty-john-terra/）

29. Abramson，"Turning Up the Lights"，pp. 8—12.

30. Solnit，"Men Explain Things to Me"，*Guernica*.

31. 当然，任何人都可能成为互联网上泄愤的目标。但问题是，根据我的分析，之所以认为这是一种厌女症，是因为这种针对女性的行为明显比例非常大（与男性相比），而且往往涉及明显的性别威胁和侮辱。关于第一点，见："The Dark Side of Internet Comments"，*The Guardian*，April 12，2016，https://www.theguardian.com/technology/2016/apr/12/the-dark-side-of-guardian-comments。

32. 例如，2012 年，琼斯说，澳大利亚的第一位女总理朱莉娅·吉拉德应该被"塞进一个麻袋"，丢到海里淹死。同年晚些时候，当吉拉德的父亲去世时，琼斯认为，他一定是因为女儿蒙羞而死。

33. 阿德恩随后兑现了这一承诺，新西兰将这一目标写入了法律。见："New Zealand 'On the Right Side of History' with 2050 Carbon Emissions Target，Jacinda Ardern Says"，*ABC News*，November 7，2019，https://www.abc.net.au/news/2019-11-07/new-zealand-passes-leading-carbon-emissions-law/11683910。

34. Aaron M. McCright and Riley E. Dunlap，"Cool Dudes：The Denial of Climate Change Among Conservative White Males in the United States"，*Global Environmental Change* 21，no. 4（2011），pp. 1163—1172.

35. Kate Lyons，Naaman Zhou，and Adam Morton，"Scott Morrison Condemns Alan Jones's Call to 'Shove Sock Down Throat' of Jacinda Ardern"，*The Guardian*，August 15，2019，https://www.theguardian.com/media/2019/aug/15/alan-jones-scott-morrison-shove-sock-throat-jacinda-ardern.

36. 由于受到外来的巨大压力（如公司撤销广告，以及不满的广播网络本身），琼斯后来确实发表了毫无诚意的道歉——就在他骂杰辛达·阿德恩"笨蛋"和"伪君子"的当天。见："Alan Jones Writes to Jacinda Ardern to Apologise After Companies Pull Ads"，*The Guardian*，August 16，2019，https://www.theguardian.com/media/2019/aug/16/alan-jones-writes-to-jacinda-ardern-to-apologise-after-companies-pull-ads。

37. Lyons，Zhou，and Morton，"Scott Morrison Condemns Alan Jones's Call to 'Shove Sock Down Throat' of Jacinda Ardern"，*The Guardian*.

第九章　女人不可当选——关于女性有获得职权的权利

1. 在写作本书时（2019 年 9 月 1 日，距离选举还有一年多时间），提到可当选性这个话题和最受欢迎的女性总统候选人伊丽莎白·沃伦的新闻报道不少于1.7 万篇。当然，其中一些报道从理论上讲可能应该更多关注男性候选人的可当选性或总体的可当选性。但是，浏览了相关的标题后可以看出，在大多数情况下并非如此。例如，请看 2019 年 8 月某一周里的标题：

    "伊丽莎白·沃伦支持率急剧上升，但一个大问题（可当选性）正在逼近"，见：Aaron Blake, "Elizabeth Warren Is Surging, but This One Big Question [Electability] Looms Over Her", *The Washington Post*, August 8, 2019, https://www.washingtonpost.com/politics/2019/08/08/elizabeth-warren-all-important-electability-question/。

    "民主党支持者拥戴沃伦，但也同样担忧其（可当选性）"，见：Jonathan Martin, "Many Democrats Love Elizabeth Warren. They Also Worry About Her [Electability]", *The New York Times*, August 15, 2019, https://www.nytimes.com/2019/08/15/us/politics/elizabeth-warren-2020-campaign.html。

    "民主党派担忧女性竞选人无法击败特朗普"，见：Nicole Goodkind, "Democrats Worry That a Female Candidate Can't Beat Trump", *Newsweek*, August 15, 2019, https://www.newsweek.com/2020-candidates-women-vote-trump-electability-1454622。

2. Madeline E. Heilman, Aaron S. Wallen, Daniella Fuchs, and Melinda M. Tamkins, "Penalties for Success: Reactions to Women Who Succeed at Male Gender-Typed Tasks", *Journal of Applied Psychology* 89, no. 3 (2004), pp. 416—427.

3. 请注意，有一位参与者没有指明自己的性别，也许只是遗漏，也许是因为非二元性别。

    还要注意的是，虽然海尔曼等人的研究发表于 2004 年，但后来被多次重复，本章的写作中会多次提及。此外，参与者当时是大学生，平均年龄为 20.5 岁，因此属于千禧一代，这就避免了将这些结果简单地视为历史遗留问题。

4. David Paul and Jessi L. Smith, "Subtle Sexism？ Examining Vote Preferences When Women Run Against Men for the Presidency", *Journal of Women*,

Politics, and Policy 29, no. 4（2008）, pp. 451—476.

同样，按性别分组对这里并没有影响。我在 2019 年 4 月 11 日发表的文章"It's the Sexism, Stupid"中更详细地讨论了这项研究及本章注释 2 中提到的研究。见："It's the Sexism, Stupid", *Politico*, April 11, 2019, https://www.politico.com/magazine/story/2019/04/11/its-the-sexism-stupid-226620。

5. Emily Peck, "Half the Men in the U.S. Are Uncomfortable with Female Political Leaders", *HuffPost*, November 21, 2019, https://www.huffpost.com/entry/half-us-men-uncomfortable-with-female-political-leaders_n_5dd30b73e4b0263fbc993674.

6. 这次选举的结果是，117 名女性当选第 116 届国会议员，而在 2016 年，有 89 名女性当选。见：Li Zhou, "A Historic New Congress Will Be Sworn in Today", *Vox*, January 3, 2019, https://www.vox.com/2018/12/6/18119733/congress-diversity-women-election-good-news。

7. Tyler G. Okimoto and Victoria L. Brescoll, "The Price of Power: Power Seeking and Backlash Against Female Politicians", *Personality and Social Psychology Bulletin* 36, no. 7（2010）, p. 933.

8. Madeline Heilman and Tyler Okimoto, "Why Are Women Penalized for Success at Male Tasks？", *Journal of Applied Psychology* 92, no. 1（2007）, p. 81.

9. 同上。

10. 同上，第 82 页。

11. 如果安德烈娅被描述成上面的样子，詹姆斯也会被类似地描述为"一个工作用心的经理，对下属的需求会表示关心和体恤"，"重视拥有支持性工作环境的重要性"，"因其努力促进一个积极的团队而受到赞扬"。同上，第 83 页。像往常一样，这两个有关团队精神的描述每两个参与者都对调一次。

    请注意，研究人员还增加了一个条件，即增加了关于两个评价对象的正面的但与表现亲和力无关的信息，以验证并不仅仅因为加入了赞美之词就让参与者对女性而非男性的评价产生了影响（确实并非如此）。

12. 然而，参与者的性别对这些研究发现没有任何影响——这表明一个人自己的性别对这些偏见或对改善这些偏见都没有任何影响。出处同上，第 84 页。

13. 这里值得提醒读者的是，希拉里·克林顿确实赢得了普选。然而，辩证地看，这一点能产生的影响是有限的。我相信，对于她能成为一个多好的总统，理性的人可能会有很大的分歧。但在我看来，她本可以成为比特朗普更好的总统，这一点几乎毫无疑问。因此，作为更有资格的候选人，她在 2016 年大选中的失败仍然是一个令人不安的数据点，尽管正如我们将要看到的那样，这对女性的可当选性来说并非具有决定性。

14. 见：Tina Nguyen，"Salad Fiend Amy Klobuchar Once Berated an Aide for Forgetting a Fork"，*Vanity Fair*，February 22，2019，https://www.vanityfair.com/news/2019/02/amy-klobuchar-comb-fork-salad。公平地说，文章本身的语气比较谨慎，而且，一般来说，作者不能选择自己的标题。

15. Matt Flegenheimer and Sydney Ember，"How Amy Klobuchar Treats Her Staff"，*The New York Times*，February 22，2019，https://www.nytimes.com/2019/02/22/us/politics/amy-klobuchar-staff.html.

16. Joseph Simonson，"Biden Aide：'Everyone Who Has Worked for Him Has Been Screamed At'"，*Washington Examiner*，July 1，2019，https://www.washingtonexaminer.com/news/biden-aide-everyone-who-has-worked-for-him-has-been-screamed-at.

17. Paul Heintz，"Anger Management：Sanders Fights for Employees，Except His Own"，*Seven Days*，August 26，2015，https://www.sevendaysvt.com/vermont/anger-management-sanders-fights-for-employees-except-his-own/.

   另见：

   Harry Jaffe，"Bernie Sanders Is Cold as Ice"，Boston Magazine，September 29，2015，https://www.bostonmagazine.com/news/2015/09/29/bernie-sanders/；

   Mickey Hirten，"The Trouble with Bernie"，*Lansing City Pulse*，October 7，2015，https://www.lansingcitypulse.com/stories/the-trouble-with-bernie，4622；

   Graham Vyse，"10 Things Biographer Harry Jaffe Learned About Bernie Sanders"，*InsideSources*，December 23，2015，https://www.insidesources.com/10-things-biographer-harry-jaffe-learned-about-bernie-sanders/.

   诚然，其中的一些消息来源与爆出克洛布查尔事件的消息来源相比不那么重要，也没有那么高的知名度。但在某种程度上，这也是我想表达的一个观点：关于这位女性参议员的此类传言从一开始就被认为更具新闻价值。

18. Alex Seitz-Wald，"Beto O'Rourke Drops F-Bombs，Snaps at Staff，Stresses Out in Revealing New Documentary"，*NBC News*，March 9，2019，https://www.nbcnews.com/politics/2020-election/beto-o-rourke-drops-f-bombs-snaps-staff-stresses-out-n981421.

19. 《政客》杂志从 2019 年 2 月 3 日开始记录民调数字。在 2 月 10 日至 3 月 10 日的几周内，克洛布查尔的民调结果最初为 3% 至 4%，在 2019 年剩余的大部分时间内，民调结果在 1% 至 2% 之间，一度跌出前十名候选人。见：https://www.politico.com/2020-election/democratic-presidential-candidates/polls/（内容摘取时间为 2019 年 12 月 20 日）。尽管在新罕布什尔州初选中，克洛布查尔出人意料地获得了第三名，但在超级星期二之前她退出了竞选。

20. 对于一个被普遍认为胜算很大的总统候选人来说，吉利布兰德的民调数字比克洛布查尔的更令人沮丧。她最初的民调结果一直是 1%，只有一次突破了 2%（在截至 4 月 7 日的那一周）。7 月和 8 月，她从未进入《政客》杂志排名的前十名。她于 8 月 28 日星期三退出了竞选，因为没有资格参加第三次民主党辩论，见：https://www.politico.com/2020-election/democratic-presidential-candidates/polls/。

21. 这里有几条对吉利布兰德宣布退出总统选举作出回应的推文，具有代表性：

> 我对被选中的 10 位候选人感到满意，但仍然感到痛苦。阿尔·弗兰肯本来是取代［特朗普］的有力人选，我们永远不会看到了……但你是知道的……对吗？（https://twitter.com/criteria681/status/1166879516951797762）
>
> 民主党感谢你。另外，我们永远不会忘记全国步枪协会和阿尔·弗兰肯。（https://twitter.com/rmayemsinger/status/1166845231448256518）
>
> 再见啦姑娘……署名人：阿尔·弗兰肯。（https://twitter.com/DCRobMan/status/1166827567040598018）

22. 这里值得提醒读者的是，从道义上讲，弗兰肯辞职的责任完全在于他自己——他要对自己最初的不良行为负责（我相信那些投诉人）。

> 更多内容请参阅我的文章："Gillibrand's Al Franken Problem Won't Die", *The Cut*, January 17, 2019, https://www.thecut.com/2019/01/kirsten-gillibrands-al-franken-problem-wont-die.html。

23. Elena Schneider, "Why Gillibrand Crashed and Burned", *Politico*, August 29, 2019, https://www.politico.com/story/2019/08/29/kirsten-gillibrand-drops-out-2020-race-1477845.

24. Heilman and Okimoto, "Why Are Women Penalized for Success at Male Tasks?", p. 86.

25. 研究人员展示了另一种可能有助于克服这种性别歧视的方法：把评估对象作为父亲或母亲的身份信息放在人事档案里。当女性有孩子时，她们得到的评价会更正面；而对于男性来说，这似乎没有什么区别——也就是说，相对于没有孩子的男性来说，这些有孩子的男性在好感度或作为老板的可取性方面没有得到明显的"提升"。但是，正如海尔曼和冲本所指出的，这一结果的适用性是有限的，因为许多研究表明，有孩子的女性遭受严重歧视，与没有孩子的同行相比，她们往往被认为在能力和工作投入方面表现较差。因此，另一个不公正的双重束缚严峻地出现在我们面前。

26. 由于我怀疑这可能有明显的性别因素，我从网站 ratemyprofessor.com 的学生评价汇总中发现，学生也更有可能对女性教授使用这些描述——这为人们的假设提供了些许证据，即女性权威往往被认为是不真实的，至少是在男性主导的职位上如此。见《不只是厌女》第八章（特别是关于"假装"的部分）。

27. 见《不只是厌女》第八章。

28. 对比一下对新西兰女总理杰辛达·阿德恩的反应，她对 2019 年 3 月克赖斯特彻奇（Christchurch）清真寺枪击事件作出富有同情心的回应后受到广泛称赞。但请看本书第八章"不要质疑男人"的结尾，阿德恩因处理环境问题而让某些人惊愕不已。

     关于厌女症和否认气候变化之间的联系，有更全面的精彩分析，见：Martin Gelin's piece "The Misogyny of Climate Deniers", *The New Republic*, August 28, 2019, https://newrepublic.com/article/154879/misogyny-climate-deniers。

29. 右派比左派更容易被认为具有团结精神，因为右派可以把自己描绘成维护传统家庭价值观的人。这与我在《不只是厌女》中的预测相吻合，即在其他条件相同的情况下，保守派女性在政治上受到的厌女症影响会比左翼和中间派女性小。见第四章，第 114—115 页。

30. Myisha Cherry, "Love, Anger, and Racial Injustice", in *The Routledge Handbook of Love in Philosophy*, edited by Adrienne Martin (New York: Routledge, 2019), chapter 13; Amia Srinivasan, "The Aptness of Anger", *Journal of Political Philosophy* 26, no. 2 (2018), pp. 123—144; Brittney Cooper, *Eloquent Rage: A Black Feminist Discovers Her Superpower* (New York: St. Martin's, 2018); Soraya Chemaly, *Rage Becomes Her: The Power of Women's Anger* (New York: Atria, 2018); Rebecca Traister, *Good and*

Mad: The Revolutionary Power of Women's Anger（New York: Simon & Schuster, 2018）.

31. Shannon Carlin, "Elizabeth Warren Doesn't Care If Joe Biden Thinks She's Angry", *Refinery* 29, November 10, 2019, https://www.refinery29.com/en-us/2019/11/8752565/ Elizabeth-warren-angry-joe-biden-email-response.

32. Benjamin Fearnow, "Elizabeth Warren Celebrates Taking 100000 'Selfies' with Supporters During 2020 Campaign", *Newsweek*, January 5, 2020, https://www.newsweek.com/Elizabeth-warren-celebrates-taking-100000-selfies-supporters-during-2020-campaign-1480473.

33. Lauren Strapagiel, "Elizabeth Warren Followed Through on Giving This Woman Advice on Her Love Life", *BuzzFeed News*, May 19, 2019, https://www.buzzfeednews.com/article/laurenstrapagiel/elizabeth-warren-followed-through-on-giving-this-woman-love.

34. Aris Folley, "Warren's Campaign Team Sends Dinner, Cookies to Sanders Staffers After Heart Procedure", *The Hill*, October 3, 2019, https://thehill.com/homenews/campaign/464253-warrens-campaign-team-sends-dinner-cookies-to-sanders-staffers-after-heart.

35. 这条推文得到 1800 次转发和 22800 次点赞（内容摘取时间为 2019 年 8 月 11 日），见: https://twitter.com/AlishaGrauso/status/1144073941922832385。

36. 这条推文得到 3100 次转发和 32500 次点赞（内容摘取时间为 2019 年 8 月 11 日），见: https://twitter.com/MerrillBarr/status/1144074388993499136。

37. 这条推文得到 3800 次转发和 41600 次点赞（内容摘取时间为 2019 年 8 月 11 日），见: https://twitter.com/ashleyn1cole/status/1144125555438018560。

38. Steve Peoples, "Analysis: Elizabeth Warren Growing into Front-Runner Status", *AP News*, October 16, 2019, https://apnews.com/43a868c4b91746f5a5a74df751a08df3.

39. 在"超级星期二"之后，截至 2020 年 3 月 4 日下午 1 点，沃伦只获得 47 张代表人票，相比之下，拜登获得 513 张，桑德斯获得 461 张。（布蒂吉格 26 张，布隆伯格 24 张，克洛布查尔 7 张，在他们各自暂停竞选之前。图尔西·加巴德也获得 1 张代表人票。）见: https://twitter.com/NBCNews/status/1235264711136071680。

40. 我这样说是因为沃伦不仅承诺要做得更好，而且要把原住民的需求作为未来的优先事项。例如，可参见：Thomas Kaplan，"Elizabeth Warren Apologizes at Native American Forum：'I Have Listened，and I Have Learned'"，*The New York Times*，August 19，2019，https://www.nytimes.com/2019/08/19/us/politics/elizabeth-warren-native-american.html。

41. 见：https://twitter.com/sandylocks/status/1234924330040954880（内容摘取时间为 2020 年 3 月 4 日）。

42. 从名义上讲——作为澳大利亚公民和美国的永久居民，在写作此书时，我没有投票资格。

43. 例如，罗克珊·盖伊在推特上写道："这个选举周期让我感到困惑。我期待桑德斯有良好表现，但我也期待沃伦有良好表现，她的结果实在令人费解。拜登能这样轻松获胜真是太让人失望了，如果他成为总统候选人，呵呵，他最好让碧昂斯当他的副手。"见：https://twitter.com/rgay/status/1235081083038752768（内容摘取时间为 2020 年 3 月 4 日）。

44. 卡玛拉·哈里斯是一个比较棘手的案例，原因有很多。首先，在她退出选举之前，她获得的支持率明显高于克洛布查尔或吉利布兰德，但明显低于沃伦。另一个原因是，人们对她作为检察官的历史深表担忧——我承认，对此我仍然很矛盾。她的检察官角色，以及她的团队对被监禁的跨性别女性的一些决定（例如，拒绝给她们做性别确认手术）是否表明她确实缺乏亲和力和同情心？在我看来，在这个问题上，理性人士的分歧甚至比在如何看待克洛布查尔对待其工作人员的问题上的分歧更大。哈里斯助长了制度性的种族主义、恐跨症和其他类似的结构性问题。在我看来，这是个更重要的问题。最后，从另一个角度看，就这里有限的讨论目的而言，在上述白人女性之间进行比较对于认识这个问题更有帮助，因为哈里斯作为一个渴望成为总统的黑人女性，无疑会遭受到一些形式独特的偏见。

　　感谢 Reginald Dwayne Betts 帮助我思考这些问题，并促使我重新思考我原来对哈里斯作为检察官的历史的一些（尽管不是全部）担忧。

45. 见：https://twitter.com/JRubinBlogger/status/1230317991180546049（内容摘取时间为 2020 年 3 月 4 日）。

46. 关于此类批评的一个精彩总结，见：Susan J. Demas，"Nobody Likes a Smarty Pants：Why Warren and Obama Irk Pundits So Much"，*Wisconsin Examiner*，February 20，2020，https://wisconsinexaminer.com/2020/02/20/nobody-likes-a-smarty-pants-why-warren-and-obama-irk-pundits-so-much/。

47. 在初选前不久，沃伦实际上是民主党选民的第二个选择。见：Philip Bump，"A New National Poll Answers a Critical Question：Who Is the Second Choice of Democratic Voters？"，*The Washington Post*，January 28，2020，https://www. washingtonpost.com/politics/2020/01/28/new-national-poll-answers-critical-question-who-is-second-choice-democratic-voters/。

48. 该 T 恤衫可在以下网站购买：https://nextlevely.com/product/shes-electable-if-you-fucking-vote-for-her-elizabeth-warren-shirt/（内容摘取时间为 2020 年 3 月 4 日）。

49. 见本章注释 3。

50. 我此处的观点来自我的文章："Warren Succeeded Because Voters Saw Her as Caring. That's Also Why She Failed"，*The Washington Post*，March 6，2020，https://www.washingtonpost.com/outlook/warren-succeeded-because-voters-saw-her-as-caring-thats-also-why-she-failed/2020/03/06/8064b7c2-5f0f-11ea-b014-4fafa866bb81_story.html。

51. Alex Thompson and Alice Miranda Ollstein，"Warren Details How She'd Transition Country to 'Medicare for All'"，*Politico*，November 15，2019，https://www.politico.com/news/2019/11/15/warren-medicare-for-all-071152.

52. 桑德斯对佛蒙特州一位残疾选民的健康缺乏同情心，有关证据见我的文章："Unfeeling the Bern：Or，He Is the One Who Protests"，https://www.academia.edu/30041350/Unfeeling_the_Bern_or_He_is_the_One_Who_Protests_--_Draft_of_June_2。我对桑德斯的政治观点持保留意见，有关的更全面讨论见我的文章："The Art of Losing：Bernie Sanders' White Male Problem"，https://www.academia.edu/30040727/The_Art_of_Losing_Bernie_Sanders_White_Male_Problem_Draft_of_May_24_2016_。

53. 一条有代表性的推文来自推特用户 Aren R. LeBrun @proustmalone，他写道："伊丽莎白·沃伦作为一名右翼企业律师，为了成为哈佛大学的第一位'有色人种女教授'曾伪造自己的种族。尽管她的网站上说她将'不承认任何为支持她而成立的超级政治行动委员会'，但她现在拥有该领域最大的超级政治行动委员会。我这么说一点都不为过。"见：https://twitter.com/proustmalone/status/123521512016 0219139（内容摘取时间为 2020 年 3 月 4 日）。

54. 关于希拉里·克林顿和朱莉娅·吉拉德是特别不值得信任的政治家的看法（我认为基本上是错误的），我有更为全面的讨论，见《不只是厌女》第八章。

55. Hope Yen，"AP Fact Check：Sanders' Shift on Delegates Needed to Win"，*AP News*，March 1，2020，https://apnews.com/a5f8f2335cf1b617dbb6626845b1c 4a8.

56. 第一点，见：Libby Watson，"Joe Biden's Individual Mandate Madness"，*The New Republic*，October 23，2019，https://newrepublic.com/article/155477/joe-bidens-individual-mandate-madness；第二点，见：Matt Flegenheimer，"Biden's First Run for President Was a Calamity. Some Missteps Still Resonate"，*The New York Times*，June 4，2019，https://www.nytimes.com/2019/06/03/us/politics/biden-1988-presidential-campaign.html。

57. MJ Lee，"Bernie Sanders Told Elizabeth Warren in Private 2018 Meeting That a Woman Can't Win，Sources Say"，*CNN*，January 13，2020，https://www.cnn.com /2020/01/13/politics/bernie-sanders-elizabeth-warren-meeting/index.html.

58. 请注意，说性别歧视会被特朗普在大选中作为武器来对付女性候选人，这样的对话带有强烈的暗示，即女性确实很难战胜他（否则，为什么要提这一点？特别是，这对沃伦来说根本就不是什么新闻）。然而，人们在理解桑德斯的话时会有合理的分歧，他的暗示本身是否就是性别歧视，抑或仅仅是以一种太过直接的方式表达了一个合理的假设——女性在竞选总统时面临不可逾越的障碍。事实上，正如我们看到的那样，这个假设根本没有道理。

59. 参见 Ezra Klein 对我的采访："Kate Manne on Why Female Candidates Get Ruled 'Unelectable' So Quickly"，*Vox*，April 23，2019，https://www.vox.com/policy-and-politics/2019/4/23/18512016/elizabeth-warren-electability-amy-klobuchar-2020-primary-female-candidates。

60. 在有关"激烈竞争"的问题上，拜登获得了 29% 的选票，其次是桑德斯，占 17%，沃伦占 16%。但当被问及"魔杖"问题时，21% 的人支持沃伦，而支持拜登或桑德斯的人只有 19%。见：Max Greenwood，"Poll：Democrats Prefer Warren When Not Considering 'Electability'"，*The Hill*，June 19，2019，https://thehill.com/homenews/campaign/449315-poll-dems-prefer-warren-when-not-considering-electability。

61. Michelle Cottle 在一篇文章中引用了西尔弗的话，她在该文中也讨论了前一注释中的民调结果，见："Elizabeth Warren Had a Good Run. Maybe Next Time，Ladies"，*The New York Times*，March 5，2020，https://www.nytimes.com/2020/03/04/opinion/democrats-super-tuesday-warren.html。

62. 意味深长的是，到超级星期二（许多州举行初选的时候）时，历史上最多样化的民主党阵营已经被筛选到只剩三个年过七旬的白人男性，另外加上勉强维持的伊丽莎白·沃伦。

63. 关于"别人有性别歧视"的观点，Moira Donegan 有精彩的讨论，见："Elizabeth Warren's Radical Idea", *The Atlantic*, August 26, 2019, https://www.theatlantic.com/ideas/archive/2019/08/sexism-proxy-still-sexism/596752/。

64. Amanda Arnold, "All the Women Who Have Spoken Out Against Joe Biden", *The Cut*, April 5, 2019, https://www.thecut.com/2019/04/joe-biden-accuser-accusations-allegations.html；and Emma Tucker, "Sanders Backtracks on Promise to Release Medical Records:'I'm in Good Health'", *The Daily Beast*, February 9, 2020, https://www.thedailybeast.com/bernie-sanders-backtracks-promise-to-release-medical-records-says-im-in-good-health.

第十章　永远不要放弃——关于女孩的应得权利

1. 例如，研究表明，在"MeToo"运动之后，许多人在工作场所对性别的态度已经向一个不太乐观的方向转变。2019 年初，研究人员发现，"19% 的男性说他们不愿意雇用有吸引力的女性，21% 的男性说他们不愿意雇用女性从事与男性有密切人际交往的工作（例如涉及旅行的工作），27% 的男性说他们避免与女性同事进行一对一的会面"。这比 2017 年"MeToo"运动刚爆发时参与调查者所预期的反弹更大——有一个数字例外，其他比例在这一时间框架内都上升了。见：Tim Bower, "The #MeToo Backlash", *Harvard Business Review*, September—October 2019, https://hbr.org/2019/09/the-metoo-backlash。

2. 这里要做一区分：信仰的目的是要准确地反映世界，而欲望、承诺和行动的目的是要积极地改变世界（或者说，防止它倒退）。我这里指的是 20 世纪英国著名哲学家伊丽莎白·安斯康姆在其经典著作 *Intention*（Oxford：Basil Blackwell, 1957）中首次提出的这一区分。还有一个令人信服的论点，即，对未来持希望或乐观态度对于理解永无休止的政治斗争并无帮助，见：Kathryn J. Norlock, "Perpetual Struggle", *Hypatia* 34, no. 1（2019），pp. 6—19。

3. 也就是说，我们要意识到，我们的孩子可能会变成一个跨性别男孩或非二元性别者，我们要能够接受这种可能性。

4.　然而，可能值得一提的是，在自由主义圈子里关于养育男孩有一个普遍看法——与女孩相比，男孩在感受和表达情感方面需要更多帮助，这个看法似乎缺乏有力的经验基础。在一项大型的元分析中，研究人员发现，男孩与女孩在情感表达方面的差异总体上很小，差别很微妙，而且高度取决于环境。见：Tara M. Chaplin and Amelia Aldao, "Gender Differences in Emotion Expression in Children: A Meta-Analytic Review", *Psychological Bulletin* 139, no. 4 (2013), pp. 735—765。

5.　显然，当任何性别的人都可以自由选择这些具有女性色彩的道路时，我们应该感到高兴。但我想表达的重点是，如果在孩子很小的时候就对他们的视野进行筛选，这是件令人遗憾的事。而且还有一点，在这个筛选的过程中，父亲的选择似乎对女孩产生了重要的影响。同样值得注意同时也让人感到可悲的是，在这个筛选的过程中，男孩们的选择似乎更加单一：无论父母如何分工，男孩都只能选择一条典型的男性道路。关于这项研究的概述，见：Emily Chung, "Dads Who Do Housework Have More Ambitious Daughters", *CBS News*, May 28, 2014, https://www.cbc.ca/news/technology/dads-who-do-housework-have-more-ambitious-daughters-1.2655928。

6.　当然，男性也会面临性虐待、性攻击和性骚扰，但一般来说，与女性（我认为还有非二元性别者，至少他们可能与女性一样容易受到伤害）相比，这个比例要低些。但无论受害者的性别如何，大多数实施性暴力的人都是男性。例如，可参见：Liz Plank, "Most Perpetrators of Sexual Violence Are Men, So Why Do We Call It a Women's Issue?", *Divided States of Women*, November 2, 2017, https://www.dividedstatesofwomen.com/2017/11/2/16597768/sexual-assault-men-himthough。

7.　David Sadker and Karen R. Zittleman, *Still Failing at Fairness: How Gender Bias Cheats Girls and Boys in School and What We Can Do About It* (New York: Scribner, 2009)。

图书在版编目（CIP）数据

应得的权利 /（澳）凯特·曼恩著；章艳译 . -- 北
京：北京联合出版公司 , 2022.5 （2022.6 重印）
ISBN 978-7-5596-6094-7

Ⅰ.①应… Ⅱ.①凯… ②章… Ⅲ.①社会问题－研
究－美国Ⅳ.① D771.28

中国版本图书馆 CIP 数据核字（2022）第 055233 号

北京市版权局著作权合同登记号 图字：01-2022-1546 号

应得的权利

作　　者：[澳] 凯特·曼恩
译　　者：章　艳
出 品 人：赵红仕
策划机构：明　室
策划编辑：赵　磊
特约编辑：孙皖豫
责任编辑：夏应鹏
装帧设计：吴伟光、陈威伸 wscgraphic.com

北京联合出版公司出版
（北京市西城区德外大街 83 号楼 9 层　　100088）
北京联合天畅文化传播公司发行
北京市十月印刷有限公司印刷　新华书店经销
字数 172 千字　880 毫米 ×1230 毫米　1/32　8 印张
2022 年 5 月第 1 版　2022 年 6 月第 2 次印刷
ISBN 978-7-5596-6094-7
定价：58.00 元